U1008097

郭晓畅——著

财神道

中国财富出版社有限公司

图书在版编目（CIP）数据

财神道 / 郭晓畅著. —北京：中国财富出版社有限公司，2024.1
ISBN 978-7-5047-8064-5

Ⅰ. ①财… Ⅱ. ①郭… Ⅲ. ①神—信仰—民间文化—研究—中国 Ⅳ. ① B933

中国国家版本馆 CIP 数据核字 (2024) 第 005840 号

策划编辑 陆　叙　　责任编辑 贾紫轩　陆　叙　　版权编辑 李　洋
责任印制 梁　凡　　责任校对 张营营　　责任发行 杨恩磊

出版发行 中国财富出版社有限公司
社　　址 北京市丰台区南四环西路 188 号 5 区 20 楼　　邮　　编 100070
电　　话 010-52227588 转 2098（发行部）　010-52227588 转 321（总编室）
　　　　 010-52227566（24 小时读者服务）　010-52227588 转 305（质检部）
网　　址 http://www.cfpress.com.cn　　排　　版 博峰文化（北京）有限公司
经　　销 新华书店　　印　　刷 三河市天润建兴印务有限公司
书　　号 ISBN 978-7-5047-8064-5/B · 0574
开　　本 710 mm × 1000 mm 1/16　　版　　次 2024 年 5 月第 1 版
印　　张 15.75　　印　　次 2024 年 5 月第 1 次印刷
字　　数 177 千字　　定　　价 52.00 元

版权所有 · 侵权必究 · 印装差错 · 负责调换

前言

中国传统文化里，财神主财运、掌富贵，是民间普遍供奉的善神，备受推崇和敬拜。

财神的起源颇为复杂，众说纷纭，莫衷一是。中国历史上出现的财神很多，如王亥、比干、关羽、柴荣、管仲等。

中国人供奉的财神，大都是历史上的财富高手，他们生财有道、聚财有方。本书介绍的八位财神都在历史上真实存在并且做出过卓越的贡献，他们的事迹被人们广为传颂，他们所代表的财富精神被中国人普遍认可，因此成为民间供奉的财神。

本书介绍的财神共有八位：

第一位王亥，是商朝王室成员，中国商业始祖，可以说是中国历史上第一位大商人。

第二位比干，乃是周朝王室成员，历史上著名的诤臣。相传，比干曾经发展了如今河北省衡水市一带的皮革产业，他的这一贡献，为当地人带来数千年的财源。

第三位管仲，是春秋时期齐国国相，在他的治理之下，齐国国富民强，最终成为春秋霸主。管仲是一个经济奇才，在2700多年前，就提出了许多直到今天依然有指导意义的经济思想，这样一位经世济国、藏富于民的名臣，理所当然地被人们视为财神。

第四位范蠡，是春秋时期越国国相。当国相时，范蠡可以辅佐勾践称霸天下，后来隐退经商，范蠡又成为当时最成功的商人。入朝堂为名臣，退乡野成巨贾。

第五位端木赐，历史上，他还有个更知名的称呼——子贡。子贡是孔子的得意门生，他除了是一位“大儒”之外，还是一位成功的商人。史书记载，子贡经商于曹、鲁之间，富致千金，在孔门弟子中“最为饶益”。这样一个极有学问又善于经商的人，被人们视为“儒商财神”，也是情理之中。

第六位关羽，尽人皆知，无须多言。民间之所以将其视为财神，是因为关羽为“义”的代表，这也体现了中国人对于财富的一种认知——获取财富需有道义，不义之财不可取。

第七位柴荣，乃是五代时期后周的皇帝。柴荣年轻时曾经四处经商，是一位极其成功的大商人；称帝后，又减免赋税，使得百姓手中的财富快速增长。这样一位善于给自己赚钱，又能体恤百姓、让大家都有钱花的人物，被尊为财神也不奇怪。

第八位沈万三，元末明初的江南第一富豪。关于沈万三的聚财本领，民间有许多传说，毕竟他活着的时候，就已经被当时的人们称为“活财神”。但是他之所以被后世之人尊为财神，是因为他即便处在对自己非常不利的条件下，也可以发现商机，东山再起。这种对财富的敏锐嗅觉和百折不挠的向上精神，才是人们将他视为财神的根本原因。

以上八位财神，是中国传统文化中“财富精神”的代表人物。历史在变，赚钱的方法在变，但是“财富精神”是不会变的，因为它植根在我们的文化里，刻进了集体的认知中。

了解这八位财神，体会他们身上所代表的“财富精神”，对于任何时代的人而言，都是很有意义的。

“请财神，迎财神，财神来到我家门。”这是民间的一句俗语，而今，更值得我们去迎接的是“财富精神”。物质有尽，精神不灭。

目录

南阳商圣 范蠡——三次散财，三次发家

儒商鼻祖 子贡——内儒外商，为富当仁

武财神 关羽——从武圣到财神

皇帝财神 柴荣——五代第一明君

明朝首富　沈万三——我有一个“聚宝盆”

华商始祖王亥

——中国商业第一人

王亥用自己的商业头脑，建立起了一个名副其实的商业帝国。

壹 中国商人的始祖

优秀的商人就是要看到别人看不到的机遇，发现别人发现不了的财路。

中国民间供奉的财神不止一位，出场率最高的财神是“大五路财神”，分别为东路财神比干、西路财神关羽、南路财神柴王爷、北路财神赵公明、中路财神王亥。古代以“中”为贵，所以中路财神王亥是五位财神中最为关键的存在。但是对于大多数人来讲，王亥的知名度要比比干、关羽、柴荣等人小得多，那么他凭什么占据“C 位”？这还要从头说起。

王亥是夏朝时期的人物，他生活的时期距今已有 3800 多年了。当时，夏王朝是天下共主。在夏王朝统治下，全国各地有许多大大小小的诸侯部落。当时，在今河南省商丘市一带，兴起了一个叫“商”的部落。

史书记载，商部落的始祖叫契（也叫阏伯），是黄帝曾孙帝喾的儿子，与历史上鼎鼎大名的“尧”是同父异母的兄弟。

帝喾将商地分封给了契。契到商地一看，发现那里的居民还没有发现火种，过着茹毛饮血的原始生活。于是，契教会了商地居民用火，带领当地人过上了更好的生活，商部落开始变得强大起来。

夏朝中期的时候，黄河流域发生严重的水灾，以至于国都要频繁搬迁以躲避洪水的严重威胁。

为治理黄河，夏王姒少康命司空子冥治水。子冥是商部落的第六任首领。接到治水的任务后，他带着儿子王亥在黄河岸边连续工作了十多年。眼看就要平息黄河水患，但就在大功告成之际，子冥失足坠入滔滔河水中，失去了生命。

子冥殉职后，满怀悲痛的王亥子承父业，成为第七任商部落首领，并完成了父亲的遗志，治理好了黄河的水患。夏王为褒奖王亥的功劳，提出要让王亥到朝廷里担任高官。然而，王亥对入朝做官不感兴趣，一再恳请夏王允许他回到商部落。夏王见王亥执意不愿做官，只好赐予他一大笔赏金，让他回到了商部落。当年，王亥随父亲离开商部落时，还是个血气方刚的年轻人，等他再回家时，却已年近不惑。

回到部落的王亥，发现部落里的人勤劳能干，养殖了许多牛羊，还制作出了许多手工制品。但是，生产力的提升并没有显著提高人们的生活水平——毕竟，部落的人数有限，对于各种产品的消耗也是有限的，多出来的产品属于“过剩产品”。

王亥心想：既然我们制作的东西自己用不了，为什么不拿去其他部落换取我们不能制作的东西呢？这样不就可以增加我们部落的财富了吗？

于是，在王亥的带领之下，商部落的人开始从事大规模的贸易活动。通过贸易活动，商部落越来越强大，越来越富有，也将自己的影响力辐射到了更远的地方。

随着部落贸易规模的不断扩大，王亥发现了一个新的问题：商部落的人在经商时需要将货物运到很远的地方，所以对于马匹的需求量很高。但实际上，马的负重能力很有限，而且在中原地区很难饲养，这导致商部落的运力严重不足。

王亥想：有没有一种动物，负重能力更强，也更能适应中原地区的环境？想来想去，王亥把目光投向了牛。当时，中原地区有许多牛，但人们还没有完全驯服这种倔强的生物。看着野牛那一身腱子肉，王亥心想：如果能够驯服牛，用牛去拉货，一定比马更能负重！

有了这种想法之后，王亥开始试验。他先叫手下人抓来一头牛，让这头牛去拉车。结果，这头牛根本不听使唤，好像疯了一样拉着车乱跑，顶着犄角横冲直撞，撞伤了许多人。

王亥的第一次驯牛试验失败之后，他还是不甘心，经常带人去牛群附近考察牛的生活习惯。

一头公牛被惹怒了，朝着人群冲了过来，人们吓得四散而逃。危急关头，王亥手下的一名勇士，拿着一根削尖的竹子，朝野牛头刺了过去。竹子恰好插进了牛鼻子，随后，王亥惊讶地发现，当牛鼻子被刺穿的那一刻，刚才还耀武扬威的野牛，居然瞬间变得温顺起来。

王亥意识到：牛鼻子就是牛的软肋，只要控制住牛鼻子，再野蛮的牛，也不敢造次了。于是，王亥又叫人抓来几头野牛，让人刺穿牛的鼻子，再用绳子穿过。这样一来，所有的牛都老实了，可以很好地听人使唤，不敢再耍横了。

这便是历史上著名的“王亥服牛”的故事。

由于王亥率先驯服了牛，所以商部落也成为中国第一个用牛拉车的部落。虽然牛的速度比不上马，但是负重却比马强得多，而且也更容易饲养。商部落的人拥有了牛车之后，运输能力大大提升，这对于经商的帮助非常大。商部落的人赶着牛车，拉着各种货物到其他部落交易，赚取了大量的财富。商部落的人善于经商的形象也逐渐深入人心。**从那以后，中国人便将从事贸易活动的人称为“商人”，王亥本人也被后世称为“华商始祖”。**

贰 商业准则的确立

为商之道，仁信为本。慷慨助人，好运临门。

事实上，王亥之所以被人们称为华商始祖，除了因为他改良了运输工具，大大提高了商品的流通效率之外，还因为**王亥在经商过程中以诚信为本，坚持平等交易的原则，为中国商人确立了历久弥新的“商业准则”**。

一次，王亥跟一个叫作“葛”的部落做生意。葛部落的首领提出，要用高出平时两倍的价格大量收购王亥的粮食。王亥很吃惊，问：“这是为什么？”

葛部落的首领说：“今年，我们遭遇了严重的灾害，导致粮食产量大幅度下降，如果不买更多的粮食，大批部落成员可能会饿死！”

王亥听闻，道：“你我两个部落是长久的合作伙伴，所以我不能利用你们的灾难多赚你们的钱，你只需用从前我们约定好的价格购买粮食就可以。”葛部落的首领感激涕零，从此两个部落世代交好。

在多年的经商生涯中，王亥赢得了各部落人民的尊重和信任，他的商部落也逐渐成为当时最强大、最富有的部落。这必然招致一些人的嫉妒。

一次，王亥和弟弟王恒带领部落成员满载货物，赶着牛羊，由商丘出发，向北跨过黄河，长途跋涉来到易水流域，跟当地的有易氏部落贸易。

由于路途遥远，再加上商部落和有易氏部落之前交往较少，所以王亥担心此行的安全问题。不过，在出发之前，王亥事先得到了河伯族首领冯夷提供安全保障的承诺。所以他放下戒备，带领大队人马，携带大量财物，前往有易氏部落。

有易氏部落的首领叫绵臣，此人见王亥带来了许多财物，便见财起意，杀害了王亥，抢走了王亥带来的全部财物。此为王亥死因的其中一种说法。

王亥死后，他的弟弟王恒逃回了商部落，并被部落成员推举为新一任首领。

绵臣杀死王亥后，知道自己惹怒了一个强大的部落，开始后怕，并主动给商部落送去许多礼物，表示忏悔，还表示说，愿意支付一大笔赔偿金，以此来换取商部落的原谅。王恒竟然见钱眼开，要与敌人和解，放弃给哥哥报仇。

之后，王恒带领着一队人马，再次前往有易氏部落，去拿赔偿金。但奇怪的是，王恒率领的这队人马竟然下落不明。四年之后，商部落的人见王恒始终没有音讯，确认他已经失踪，便推举王亥的儿子上甲微担任新的部落首领。

作为王亥的儿子，上甲微一直以来都想要替父报仇，现在他终于当上了部落首领，便决定马上起兵，让敌人“血债血偿”。发起战争之前，上甲微去了一趟河伯族，对河伯族的首领冯夷说：“当年，你许诺要保护我父亲的安全，可是我父亲却被有易氏部落杀死。现在，我要替父亲报仇，你应该帮助我一起讨伐有易氏部落，也算是对当年发生的事有个交代。”

冯夷当时非常纠结，按照道义来讲，他的确有义务帮助上甲微讨回公道，但在现实中，冯夷和有易氏部落的交情非常好，因此左右为难。最后，冯夷决定听从“天命”。他命令手下的巫师占卜，占卜的结果是——有易氏杀王亥，有罪。

于是，冯夷决定帮助上甲微攻打有易氏部落。

上甲微打着为父报仇、伸张正义的旗帜，率领商部落和河伯部落的联军大举进攻有易氏部落。商部落的士兵早就想替王亥报仇了，因此在战场上奋不顾身，格外勇猛，有易氏军队无法抵挡，节节败退。最终，绵臣战败被杀，上甲微为父亲报仇成功。

战争结束之后，上甲微创建了“禓五祀”之礼，用来祭祀王亥。

商部落打败有易氏部落之后，威名远扬，他们的领土不断扩大，实力进一步提升，为日后商朝取代夏朝奠定了坚实的基础。商朝建立之后，商朝人认为王亥是奠定商朝强大基础的关键人物，所以将王亥尊为高祖。

叁

『中路财神』带来的财富启示

大多数时候，只有开拓者会被人记住，也只有领头羊有资格分得最大的那块蛋糕。

关于王亥的死，历史上有几种不同的说法。除了我们前面提到的“有易氏部落见财起意、杀人夺财”的说法之外，还有另一种说法：王亥到有易氏部落之后，有易氏部落的首领绵臣送给王亥一位绝色女子。王亥沉迷女色，忘记了本职工作，惹怒有易氏部落首领绵臣，于是绵臣杀死了王亥。

也有说王亥到有易氏部落之后，与有易氏部落的首领绵臣的妻子产生感情，二人私通，被绵臣发现。绵臣勃然大怒，于是杀死了王亥。

真相究竟是什么？还需要历史学家进一步考证。但就目前的考古发现来看，有一点是不容置疑的——王亥在商部落的地位非常重要。从目前殷墟附近发掘出的甲骨文来看，商部落和商朝人心目中有三个人的地位非常高，这三个人都被商人称作“高祖”，分别是契、汤和王亥。契，我们之前说过了，是商部落的始祖；汤是指商汤，是推翻夏朝建立商朝的“开国之君”。王亥的地位能和这两个人相提并论，可见他对于商部落的贡献和影响是巨大的。而且，从甲骨文上看，王亥的地位似乎比另外两位高祖还要高，因为只有在王亥的名字出现时，旁边才会“配”一只“玄鸟”，而玄鸟是商部落的图腾，有所谓“玄鸟生商”的说法。

总的来说，由于时间太过久远，关于王亥的故事，大都零星散布在各种史料中，而且有许多相矛盾的地方。但是有一件事情是确定的，那便是——王亥是中国有史以来第一个大商人。**王亥不仅是中国商业的拓路者，也为中国商业的发展做出了杰出的贡献。**春秋时期的管仲就曾经提到，王亥驯服了野牛，为人民做了一件大好事。管仲所谓的“大好事”，一是指王亥驯服的牛后来成为重要的农耕工具，二是指牛车的出现为商业贸易提供了便利条件。

正是因为王亥开创了中国商业的先河，为人们找到了一条生财、聚财的新路，所以后人将其视为财神也就是顺理成章的事情了。

事实上，商业的出现，一来离不开王亥这样的开拓者，二来得益于社会生产力的进步。在王亥所处的那个年代，农业技术有所突破，生产力大大提高，因此部落中出现了“劳动剩余”，为商业的发展提供了物质基础。王亥敏锐地发现了这一现象，鼓励族人拉上物资外出贸易、创造财富，可以说眼光独到。所以说，在很多时候，赚钱考验着一个人的认知和头脑，只有发现需求与机遇，并且有敢为天下先的勇气开拓新的财富路径，才能在社会发展过程中占据先机。这是王亥这位“中路财神”能够带给人们的“财富启示”，而勇于开拓、敢于创新，是王亥赋予中国商人的“财富精神”之一。

王亥的功绩给自己赢得了数千年的名声。在王亥的“老家”商丘市，有许多商人千里迢迢来祭祀这位“华商之祖”。商丘也因为拥有了王亥，而成为“三商之源”和“三商文化”的发源地。

在商丘，有一座华商文化广场，王亥的商祖祠就建在此处。它主要由三商之门、富商大道、万商广场、王亥塑像、商祖殿等部分组成。其中，商祖殿又叫王亥殿。这是一座非常宏伟的建筑，高16米，深16.8米，正面有7间并排的殿堂。商祖殿西配殿名叫“财神殿”，主祀文财神比干；东配殿名叫“关帝殿”，主祀武财神关羽。文武财神侧立王亥左右，可见王亥在人们心目中的地位。

在华商广场正前方，有一座王亥塑像，更是雍容华贵，极有帝王之尊，亦有商祖之风。为纪念华商之祖王亥，商丘市政府在2006年11月10日举办了首届中国商丘国际华商文化节。彼时，来自全球各地的华人齐聚王亥塑像前，祭拜商祖王亥。此后，这项国际性的活动每两年举办一届，每次都有来自全球各地的华人商界代表来纪念王亥。

值得一提的是，王亥除了是“华商”的始祖之外，也是中国“王”姓的始祖之一。

商部落君主以及后来商朝统治者都姓“子”，但是由于王亥是商部落首领中第一个称“王”的人，所以他的后代为“子姓王氏”，子姓王氏是中华王姓重要的一支。有专家认为，王亥名字中的“王”虽然是原始王权的含义，但王姓既然因王子王孙而得姓，王亥作为中华王姓的远祖在文化认同上是顺理成章的。

大致来说，中国王姓起源主要有三支，出自姬姓的王氏、出自子姓的王氏和出自妫姓的王氏。姬姓王氏多集中在太原、琅琊一带，是当今中华王姓主干，奉周灵王太子晋（王子乔）为始祖。妫姓王氏多集中在北海、陈留，奉陈胡公为始祖。子姓王氏多集中在天水、东平、新蔡、新野、山阳、中山、章武、东莱、河东、汲郡，是中华王姓中最早的一支，奉王亥和比干为始祖。巧的是，这两位子姓王氏的始祖，都被后来的中国人视为财神，这或许也可以视为“财富精神”的一种历史传承。

文曲星

比干

——道是『无心』却有心

比干之所以能被人们视为财神，是因其『无心』。因为无心，所以无邪念，因为无邪念，所以能取财有道。

壹 商纣王覆亡的前奏

能力再强的人，一旦得意忘形、为所欲为、不听人劝，离毁灭便不远了。

比干是晚商时期人，本姓子，因其封于比邑（今山西省汾阳市），故称比干。其父叫太丁（文丁），商朝第十五代王，比干自然是王子，因此也被称作“王子比干”。

作为中国历史上的第二个朝代，第一个有直接的、同时期文字记载的王朝，商朝前后相传有17世30王，经历了先商、早商、晚商三个阶段，延续500余年。在先商和早商时期，商朝多有动荡，国都频繁迁徙，至盘庚迁殷（今河南省安阳市）后，方才稳定下来，后世遂称商朝为“殷”或“殷商”。不过，晚商时期的殷商又发生了几次动乱，国都也跟着几次迁移。公元前1102年，比干父王去世，其长兄帝乙继位，成为第十六代商王，将都城迁到了沫。

其时，殷商国势已经衰微，趋于没落。帝乙在位期间，曾率军东征夷方。又因其父太丁曾杀了周族首领季历，商周关系恶化，季历之子姬昌（周文王）继位后，积极积蓄军力，准备为父报仇。帝乙为避免腹背受敌，决定将妹妹嫁给姬昌，以缓和矛盾，史称“帝乙归妹”。姬昌很高兴，认为这次婚姻是天作之合，亲自到渭水边迎亲，举办了一场盛大的婚礼。

帝乙的长子叫启，即微子，但其母地位低贱，微子没资格继承王位。帝乙的小儿子辛，其母亲是正后，帝乙逝世后，辛得以继承王位，就是帝辛，后人称他为纣王。

据说纣王天资聪颖，思维敏捷，能言善辩，又身材高大，力气过人，可徒手与猛兽格斗。商纣王十年（约公元前1066年）和十五年（约公元前1061年），他曾两次征伐夷方，平定了东南，最早实现了中原的统一。为庆祝平定东夷胜利，纣王把都城“沬”改为“朝歌”，取喜迎朝阳、高奏凯歌之意。然而，朝歌夜弦之后的纣王心高气傲，自以为是，认为以自己的智慧不用理会臣下的劝谏，以自己的口才足以掩饰自己的过错，常常“矜人臣以能，高天下以声，以为皆出已之下”——在大臣面前自卖自夸，用声威压制天下，认为所有人都比不上他。他喜欢喝酒，骄奢淫逸，宠爱女人，尤其宠爱妲己，一切都听从她的。他让乐师师涓创作淫声俗曲，北里之舞，靡靡之乐。在国内加重赋税，以充实鹿台钱库，装满钜桥粮仓；又多方搜集奇物和珍宝，充盈宫室；大肆扩建沙丘的苑囿台榭，捕捉许多野兽飞禽放在里面。

纣王如此荒淫无度，惹得百姓怨声载道，诸侯反叛。纣王不思己过，反而加重刑罚，设置了炮烙（又作“炮格”）酷刑。那时候，殷商以姬昌、九侯、鄂侯为三公。九侯把自己漂亮的女儿献给了纣王。这个女子不喜淫乱，纣王很生气，怒而杀之，还把九侯剁成肉酱。鄂侯极力劝谏，与纣王激烈争辩，结果惨遭杀戮，被制成肉干。姬昌听说后，在私下叹息。这事被一个叫崇侯虎的知道了，跑去纣王那儿告发。纣王就把姬昌捉来，囚禁在羑里。好在周的大臣闳夭等人搜求美女、奇物及良马来献，纣王才释放了姬昌。姬昌心地善良，素来宽厚仁慈，自己获释后，立即献出洛水以西的一片土地，请求纣王废除炮烙之刑。纣王答应下来，另赐他弓矢斧钺，让他拥有征伐诸侯的大权，封他为西伯——西部地区的诸侯之长，西伯昌之名由此始称。在殷商本属，纣王用费仲主政，重用恶来。费仲这人善于谄媚，贪财图利，民众都不跟他亲近；恶来又被称为“恶来革”，也擅毁谤，喜进谗言。诸侯因此与殷商越发疏远，关系益僵。

贰

造福一方的产业带头人

与其在老赛道与人争利，不如开发新赛道，自食其“利”。

比干就是生活在这样一个时代。他幼年勤奋好学，专心致志，二十岁时被授以少师，辅佐王兄帝乙，又受托孤之重，辅佐侄子纣王。

比干与他的另一个兄弟箕子，以及侄儿微子，一起被后世称为“殷末三贤”。比干从政期间，一向重视农耕牧养，提倡冶炼铸造，富国强兵，对商朝忠心耿耿，呕心沥血。

据说，比干曾经在今天的河北省衡水市一带，带领当地人发展“裘皮产业”。衡水市枣强县《枣强县志》记载，比干制裘于广郡。广郡就是枣强县的大营镇。

当时，人们穿的都是天然兽皮。天然兽皮干燥后会发硬，易断、易遭虫蛀，并散发出难闻的气味，穿在身上也不合体，甚至会磨损人的皮肤，很不舒适。

比干带领广郡人反复实验，发明了熟皮技艺，将生硬的兽皮变成柔软的制衣材料。这种新的裘皮材料很快得到了人们的青睐。

从那之后，人们都从广郡购买皮衣，裘皮产业也成为广郡人发家致富的“拳头产业”。如今，大营镇的裘皮产业还是当地重要的经济支柱，大营镇也成为远近知名的“裘都”，在国际上都有一定的知名度。可以说，**比干的创举给当地带来了三千多年的“财富”**。

西伯昌归周后更为勤勉，修德行善，韬光养晦，不少诸侯叛离纣王归服于他。周的势力越来越强大，反之，殷商权势渐失。比干苦谏，纣王不听。

等西伯昌征伐饥国将其灭掉后，殷商有个叫祖伊的大臣甚感忧虑，忙来面见纣王，警告道：“上天已断绝了我殷商的国运，至人用大龟占卜，毫无吉兆。这并非先王不帮我们后人，而是大王您淫虐，自绝于天，才遭天弃，使我们无法安稳地生活。不揣度天意，不了解天性，就不能按常法行事。今我民众无不希望我们早早灭亡，都说上天为何还不降威严，天命为何还不到来。大王您打算怎么办呢？”纣王不以为然，说：“我生而为王，不就是有命在天吗？”

祖伊不由得仰天长叹，痛感纣王不接受规劝，殷商行将灭亡。

约公元前1056年，西伯昌逝，儿子姬发继位，就是周武王。武王继承父志，重用贤良，以太公望（姜尚姜子牙）为军师，弟周公旦为太宰，召公、毕公、康叔、丹季等良臣各当其位，周人才荟萃，国力益隆。武王曾东至孟津观兵，八百诸侯闻讯前来与其会盟。人心所向，众望所归，诸侯皆曰“纣可伐矣”。武王审时度势，认为时机还未完全成熟，于是班师返回。这实际上是一次灭商预演，史称“孟津观兵”或“孟津之会”。

面对如此形势，纣王却依旧我行我素，淫乱不止。其长兄微子多次劝谏于他，根本没用。于是微子和太师、少师商量后，赶紧离开了殷商。比干却义正词严地说：“为人臣者，不得不以死争。”遂拼死强谏。纣王暴怒，说：“你不是被称为圣人吗？听说圣人的心有七窍，我要挖出来看看到底有没有。”他真的下令剖开比干胸膛，“刳视其心”。箕子惊惧，假装发疯，被纣王囚禁起来做了奴隶。殷商的太师、少师见状，带着祭器和乐器投奔于周。

叁 《封神演义》中的比干之死

比干能成为财神，最大的原因是他“无心”，这说明了一个问题：只有无心，才能真正成为财富的主人。

神魔小说《封神演义》中对比干之死描述得颇为详细，神话色彩浓厚。书中记载商纣王被狐狸精妲己所迷惑，丧德败行，荒淫无道，虽有其叔父比干等大臣多次直谏，终不悔悟。朝歌城内鹿台完工后，纣王听信妲己妖言，欲会神仙。妲己心生一计，于十五日月满之夜，让轩辕坟内狐妖变成仙子、仙姬来鹿台赴宴，享受天子九龙宴席。狐妖们酒醉后，露出了狐狸尾巴。宴席上的比干看得真切，遂于宴后将此情告知武成王黄飞虎，二人领兵堵塞轩辕坟内的妖狐洞穴，将狐狸尽数烧死。比干还拣未烧焦的狐狸皮硝制，做成一件袄袍，严冬时献于纣王，以惑妲己之心，使妖魅不安于君前。妲己见袄袍竟是其子孙的皮，心如刀割，肝肠寸断，深恨比干，誓挖其心。

一日，妲己忽然口吐鲜血，面皮紫胀，假说心痛之疾复发，须玲珑心一片救治。经推算，举朝只有亚相比干是玲珑七窍之心。纣王信以为真，即命人急召比干。

比干闻之，既怒且惊。由于先前姜子牙见比干气色晦暗，知其日后必有大难，便送他一道神符，叮嘱他在危急两难、进退无路之际化灰冲服，可保无虞。比干便服下姜子牙所留符水，径往鹿台下候旨。

纣王见比干来到，煞有介事地说："御妻偶发沉疴心痛之疾，唯玲珑心可愈。皇叔有玲珑心，乞借一片做汤，治疾若愈，此功莫大焉。"

比干气愤，问："心是何物？"纣王显得满不在乎："就是你腹内之心呀。"

比干怒曰："心者一身之主，隐于肺内，坐六叶两耳之中，百恶无侵，一侵即死。心正，手足正；心不正，则手足不正。心为万物之灵苗，四象变化之根本。我心有伤，岂有生路！老臣虽死不惜，只是社稷坵墟，贤能尽绝。今昏君听信妖妇之言，赐我摘心之祸。只怕比干在，江山在；比干亡，社稷亡！”

纣王说道：“皇叔之言差矣！只借心一片，无伤于事，何必多言？”

比干气愤异常，厉声大叫道：“昏君！你是酒色昏迷，糊涂狗彘！心去一片，我即死矣！比干不犯剜心之罪，如何无辜遭此非殃？”

纣王恼羞成怒，曰：“君叫臣死，不死不忠。台上毁君，有亏臣节！如不从朕命，武士，拿下去，取了心来！”比干实在愤怒，大骂妲己贱人，喝左右取过剑来，望太庙大拜八拜，向先王哭诉完后，以剑自剖其腹，摘心掷于地，走下了鹿台。

比干面如金纸，低首速行，过九龙桥，出午门，骑上马，往朝歌城北而去。走了六七里地，听得路旁有一妇人手提筐篮，叫卖空心菜。比干勒马问道：“怎么是空心菜？”妇人答曰：“民妇卖的是空心菜。”比干神色惨然，问：“人若是无心，又如何？”妇人顺口答道：“人若无心，必死无疑。”听到这话，比干大叫一声，跌下马来，口吐鲜血，这才死了。

原来，姜子牙留下的那道神符，管用是管用，可当碰见民妇叫卖空心菜时，比干问其根由，那民妇若回答“人无心还活”，他即不死，偏偏民妇来了相反的一句，没了心的比干就活不成了。这也是劫数，比干命该如此。

比干死后两年，武王闻纣王昏乱暴虐滋甚，殷商内乱纷扰，乌七八糟，这才遍告诸侯：“殷有重罪，不可以不毕伐。”亲率戎车三百乘，甲兵近五万，东伐商纣。周军渡过孟津，八百诸侯皆来助战。武王作《太誓》，向所有人宣告道：“今殷王纣乃用其妇人之言，自绝于天，毁坏其三正，离逖其王父母弟，乃断弃其先祖之乐，乃为淫声，用变乱正声，怡说妇人，故今予发维共行天罚……”大军来到殷商郊外牧野。在那儿，武王左执黄钺，右秉白旄，庄严誓师，激励士兵。随后会合诸侯军队，在尚父姜子牙的辅助指挥下，摆开阵势。

纣王听说周武王前来讨伐，慌忙组兵抵抗，号称七十万大军。“殷商之旅，其会如林。”这支军队看似强大，可兵士们平日受尽了纣王的欺压和凌辱，都不愿为他卖命，一上阵，便纷纷倒戈，为武王大军开路。武王一路高歌猛进，攻入朝歌。纣王离心离德，眼见殷商王朝在自己手中分崩离析，登上鹿台，投火自焚而死。

武王乘车来到纣王自焚处，朝其尸体连发三箭，又用轻吕（古剑名）击之，以黄钺斩其头，挂到大白旗上示众。然后，他来到纣王的宠妃妲己和另一个宠妾那儿，这两个女人都已经自杀了。武王又对着她俩的尸体射了三箭，击之以剑，用玄钺将她俩的头砍下，悬挂在小白旗上。纣王的两个宠臣费仲、恶来也被斩首。

第二日，武王命人在朝歌城清理道路，修整社庙及商纣宫室，祭天。对殷商子民和圣贤，武王多有宽待。命纣王之子禄父统管殷商遗民，又命人将箕子释放出狱，尽释所囚百姓，并散鹿台之财，发钜桥之粟，赈济贫人。而且，专门安排闳夭将比干之墓修葺一新，以表敬意。

肆 文曲星君

有心人能赚钱，“无心”人才能管钱！

在《封神演义》的最后，姜子牙奉元始天尊之命封神时也没忘了比干，封他为文曲星君，北斗第四星，主文运，掌人间科考中举、福德兴庆之事。

比干位列封神榜，成文曲星君，却未进道教神系，道书中无其名号。不过道教兼收并蓄，把没有名号的比干也引入道观，并将其作为文财神加以供奉。道家还将比干奉为“福禄财神真君”，说玉皇大帝曾封他为天官文财尊神，掌管天下财库。

比干之所以能获得掌管天下财库的重要“职位”，就是因为他正直、无私。**赚钱的人，可以各有各的性格、各有各的手段，但是管钱的人，必须具备同样的品质，那便是正直与无私。**因为正直，所以公道；因为无私，所以不会损公肥私。比干当“天下财务大总管”，再合适不过了！

从民间的角度看，比干被奉为财神，起因是封神榜中的“文曲星君”之封。文曲星本称天权星，主科甲功名。天下学子的功名利禄皆从科举中出，于是他们在抬头仰望北斗时，无不紧盯其中的第四颗，对文曲星君比干顶礼膜拜，渴望被这颗“文曲星”保佑。

禄有俸禄、食禄、爵禄，当然也少不了财禄，“一禄胜千财”，禄神兼职财神绰绰有余。久而久之，人们也便将比干当成财神来供奉了。再有就是，比干为殷商时期的杰出代表，商朝人又善于经商，他本人虽未经过商，也没有积累下什么财富，但不妨碍人们对他的仰慕，人们把他想象成能够带来巨大财富的神人。

实际上，比干之所以能成为财神，还因为他“无心”，是无心之人。天地本无心，万物贵其真。无心则空，能摆脱邪念，归其真心。

东南财神

管仲

——千古一相，经济奇才

管仲以其富民之策，成为大众心目中的『财神』，可以说实至名归。

壹

白手起家 终成相国

想要成就非同一般的事业，就要忍受不被人理解的痛苦。若人人都能理解你的用意，你又怎么可能“非同一般”呢？

管仲是春秋时期的人物，生于齐国颍上，就是今安徽省颍上县。

管仲年轻时家庭贫困，与好朋友鲍叔牙合伙做生意，赚了钱，管仲自己拿大头，给鲍叔牙的少。但鲍叔牙并不因此认为管仲贪婪，而是觉得管仲不过是因为家里穷，急用钱，才“不得已而为之”。

管仲与鲍叔牙共事期间，有过赚钱的时候，但最终还是以失败告终。鲍叔牙并不因此觉得管仲愚钝，而是认为管仲只是时运不济罢了。

眼看做生意赚不了钱，管仲便转去做官。结果呢？三次当官，三次被罢官。即便如此，鲍叔牙也不认为管仲没有才干，而是认为管仲没能遇到赏识他的人，没有得到施展才干的机会。

做生意、做官都不成，管仲只好去当兵。可他依旧不能把自己的工作做好——三次上战场，三次当逃兵。鲍叔牙认为，管仲当逃兵不是怕死，而是因为他顾念母亲，怕战死之后，母亲无人赡养。

对于鲍叔牙几乎毫无保留的信任，管仲自然也非常感动。他后来说：“生我的人是父母，但最了解我的人，是鲍叔牙。”管仲和鲍叔牙的友情，也被后人视为典范，形容朋友之间交情深厚、彼此信任的成语“管鲍之交”，正是由此而来。

年轻时的管仲，可以说是一事无成，但鲍叔牙依然认可他的才华，坚信他可以成就一番事业。这并不是出于对朋友的“偏信”，而是因为鲍叔牙知道：管仲不是满足于做生意赚个仨瓜俩枣的“商才”，也不是当个小官管理一小片地方、几十户人口的“人才”，而是管理一个国家、兼济苍生的经世济民之人，拥有的是帮助帝王成就霸业的经天纬地之才。这样的人，在他们真正显露自己的才干之前，往往是不被多数人所理解的。

那么，鲍叔牙为什么能理解管仲？很简单，因为鲍叔牙和管仲是一个级别的人物，他们都是治世的能臣。

鲍叔牙接近齐国权力中心的时间要早于管仲。当时，齐国国王齐僖公让鲍叔牙辅佐儿子公子小白，鲍叔牙不愿意接这个差事，便假装生病，躲在家里。

管仲找到鲍叔牙，问他为什么不愿意辅佐公子小白。鲍叔牙解释道，齐僖公有三个孩子——太子诸儿、公子纠和公子小白，太子将来可以继承国君的位置，公子小白并不被齐僖公所器重。所以，鲍叔牙认为，齐僖公让自己去辅佐公子小白，其实是认为自己的才干不行，没资格辅佐未来的国君。

管仲对鲍叔牙说："太子诸儿虽然是国君之位的继承人，但人品卑贱，未来会如何还说不定呢！您应该接受命令，去辅佐公子小白。"

鲍叔牙被管仲说动，决定"出山"。他问管仲："我应该怎么辅佐公子小白？"

管仲说："为人臣，如果不竭尽心力，就得不到信任，所以，要全心全意。"

鲍叔牙认为管仲说得对。

不久，管仲也得到了一份新工作——辅佐公子纠。如此一来，管、鲍二人分别辅佐两位没有继承国君之位资格的公子，就当时的形势来看，前途堪忧。

时间来到公元前698年，齐国国君齐僖公去世。齐僖公去世后，太子诸儿顺理成章地成为齐国新任国君，史称"齐襄公”。

齐襄公当上国君后，做出了许多荒淫无道、暴戾乖张的荒唐事，国内、国外树敌不少。当时，齐国有个重臣，叫公孙无知，此人是齐国王室成员，他的父亲是齐僖公的亲兄弟，所以他和齐襄公是堂兄弟。

齐僖公在世的时候，对公孙无知格外器重，把他当成亲儿子一样看待，当时齐襄公就很不满。等齐僖公去世后，齐襄公执掌大权，立刻降低了公孙无知的俸禄和服饰等级。公孙无知因此心怀怨恨，便举兵造反，杀死了齐襄公，自立为国君。

公孙无知在国君位置上没坐多久，被拥护“正统”的齐国大夫雍廪杀死。如此一来，齐国国君的位置空了出来，而最有资格坐上那个位置的人，首先是公子纠，其次是公子小白。

彼时，公子纠和公子小白都不在齐国国内。原来，齐襄公活着的时候，他们两个怕被齐襄公伤害，便离开了齐国。公子纠带着管仲逃到鲁国，公子小白带着鲍叔牙逃到莒国。很快，“王位空缺”的消息就传到二人耳中，公子纠和公子小白都明白——现在这个局面，谁先回到齐国，谁就能夺得王位，于是一场“王位争夺竞速赛”由此展开。

身在莒国的公子小白，距离齐国更近，如果正常赶路的话，一定是公子小白先回到齐国。如此局面下，管仲认为：公子纠想赶在公子小白之前回到齐国，靠“跑得快”是没用的——你快，人家也快，就算你能比人家快一点儿，也没办法弥补距离上的劣势。

那怎么办？

很多事情，只要换个角度去想，就能够找到答案。管仲是这么想的：既然比快比不过，那就比“谁能安全回到齐国”。公子小白你不是快吗？我就带一队人马中途截杀你，让你永远也回不到齐国！

管仲是个执行力很强的人物。他带领一队人马，轻装简行，以极快的速度赶到了公子小白回齐国的必经之路上。双方人马遭遇后，管仲毫不留情，搭弓射箭，一箭命中了公子小白的腰部要害。见公子小白痛苦倒下，管仲也不多纠缠，带人迅速撤离。

行动成功后，管仲回到公子纠身边，告诉他：公子小白已死，咱们不用着急了！于是，公子纠放慢了前进的脚步。走到一半的时候，公子纠得到消息——公子小白已经回到齐国继位了！

原来，管仲那一箭虽然射中了公子小白，可却被公子小白的腰带扣给挡住了。公子小白遭到伏击中箭之后，虽然并无大碍，但他反应极快，当时就假装不行了。管仲中计，以为公子小白必然会死，便没有继续进攻，撤兵走了。

公子小白靠着运气和演技成功地迷惑了公子纠和管仲，抢先一步回到齐国，成为齐国新王，史称齐桓公。

公子纠和管仲得知王位已有归属，只好返回鲁国，再做打算。当时，鲁国的国王是鲁庄公。此人和公子纠的关系非常好，一心想要扶持公子纠做齐王。于是，鲁庄公集合大军，进攻齐国，想要把齐桓公从王位上赶下来，但此次军事行动最终以失败告终。

随后，齐桓公给鲁庄公写了一封信。信中说：“公子纠是我兄弟，我不忍心杀他，你代劳吧。至于管仲那家伙，我恨他极深，你把他给我送回来，要不然，我将派大军进攻鲁国！”

此时鲁庄公已经被之前的失败吓破了胆，生怕齐国打过来，便杀死了公子纠，然后将管仲送回齐国。

管仲回到齐国之后，齐桓公咬牙切齿地想要杀掉他，报当年的一箭之仇。关键时刻，鲍叔牙站了出来。

此时的鲍叔牙，是齐桓公手下的“红人”。齐桓公想要让鲍叔牙担任齐国的国相，鲍叔牙却说自己才干有限，恐怕难以承担如此重任。齐桓公问鲍叔牙：“你不行，谁行？”

鲍叔牙说出了管仲的名字。

听到管仲的名字，齐桓公的情绪顿时激动起来。他对鲍叔牙说：“管仲险些杀死我，我还让他当国相？休想！”

鲍叔牙说：“管仲从前与我们作对，不过是为其主罢了。现在国家正值用人之际，君王应该放下私人恩怨，重用管仲这样的奇才。况且，若是你能重用管仲，世人都会钦佩你的胸襟、胆识，还怕齐国吸引不来人才吗？”

齐桓公被说动了。于是，他任命管仲为国相。

贰 管仲的『致富之道』

经济基础决定上层建筑，这是亘古不变的真理。无论国家命运还是个人发展，都要遵循这一条真理。

齐桓公之所以能摒弃前嫌，任命“仇人”为相国，是因为他的野心非常大——想要称霸天下。在这个远大的理想面前，区区个人恩怨算不得什么。

齐桓公对管仲说：“我想要称霸天下，所以要积极备战，训练兵马。”

管仲摇摇头，说：“目前我们国家的民众都很穷，国库空虚，在动兵之前，首先要让人民富起来。成就霸业的君王要处处注意人民的想法，想方设法让人民富足起来。”

齐桓公认为管仲说得很有道理，便让管仲去执行他的“富民政策”。于是，管仲在齐国实行国野分治政策。所谓国，就是首都，野就是首都之外的其他地方。管仲将首都分为二十一个乡，其中专门从事工商业的乡就有六个。对于野，管仲规定，每三十家为一邑，十邑为一卒，十卒为一乡，三乡为一县。每个行政单位都设立了专门的官员负责管理。管仲对官员的要求很高，要求他们每年正月都向齐桓公述职，齐桓公根据政绩进行奖惩。

管仲还实行了军政合一、兵民合一的制度，规定全国家庭每家出一人为士卒，一万人为一军，全国共三军。这些士兵农忙时生产，农闲时训练，有战事时出征。如此一来，既提高了士兵的战斗力，也不必支付养兵的费用。为了解决武器不足的问题，管仲规定犯罪可以用兵器赎罪：犯重罪可以用甲和戟赎罪，犯轻罪可以用盾和戟赎罪，犯小罪可以用金属赎罪。从此，齐国的兵器渐渐充足起来。

此时，管仲的“富民政策”才刚刚起步，虽然见到了一些效果，但远未达到管仲的目标。齐桓公却坐不住了，他见国力有所提升，便决定发动战争，进攻鲁国，历史上著名的长勺之战由此爆发。

在长勺之战中，齐军耀武扬威，连续发起三次进攻。随着隆隆的鼓声，齐军冲向鲁军阵营，但前两次，鲁军只防守，不反击，到了第三次，鲁军趁齐军“一鼓作气，再而衰，三而竭”的时机，猛然反攻，打了齐军一个措手不及。齐军大败。

长勺之战失利后，齐桓公仍不甘心，又集合大军发动了对鲁国的战争，结果也以失败告终。此时的齐桓公才认识到：管仲是对的！没有强大的国力作为支撑，盲目地对外发动战争，是不可能成功的。于是，他越发信任管仲，让管仲在国内继续推行富民政策，以增强国力。

管仲的经济改革从此轰轰烈烈开展起来。

管仲改革了周朝一直奉行的井田制。

所谓井田制，就是把土地分成一块一块的，最中间的那块叫“公田”，产出的粮食归贵族所有，边上那些田地叫私田，产出的粮食归普通民众所有。到了耕作的时候，民众要被组织起来一起劳动，必须首先耕种“公田”，只有把公田里的活干完了，才能耕种私田。

井田制给当时的社会带来了一个很大的弊端——人们的劳动积极性不高，毕竟先要给贵族耕种，种出来的粮食不归自己。等到人们种自己的田地的时候，最佳的耕种时间已经错过，即便精耕细作也不能保证产量。如此一来，井田制造成了土地资源的极大浪费。

管仲在齐国推翻了井田制。他把所有的土地都分给农民，然后按照土地质量和产量向农民征收赋税（相地而衰征）。赋税是固定的，农民产的粮食多，自己剩下的自然也多。因此，齐国农民的生产积极性被充分调动起来。管仲到乡村视察时，发现农民起得都很早，一家人不辞辛劳地耕种田地。

为了让人民的劳动能够最大限度地转化成财富，管仲还主张“无夺民时，则百姓富”的理念。意思就是，国家在出兵打仗和征用民夫时，要考虑时机，不能在适合农业生产的时间让人民去做别的事情。只有这样，人民才能富足起来，国家才能强大起来。

除了农业之外，管仲还大力发展手工业。在管仲之前，齐国民间虽然也有手工业，但是处于无人管理的状态。管仲设立了专门的官职去管理手工业市场，如此一来，齐国的手工业规模开始膨胀起来，人民有了新的财路。

通过管仲的一系列经济改革，齐国民间的财富开始迅速积累，国家的赋税也有所增长。但是，齐桓公还是觉得，与民间财富的增长速度相比，国家财富的积累有点慢了。于是，齐桓公把管仲叫到跟前，问：“我想要提高国家的财政收入，多向人民收房屋税。”

管仲说：“你这是逼人们把盖好的房子给拆了。”

齐桓公又说：“那谁家种树的话，我就向他们收树木税。”

管仲说：“这种政策一出来，人们就把树都砍了。”

齐桓公接着说：“那我收人头税，他们总不能砍自己的脑袋吧！”

管仲说：“人们不能砍自己的脑袋，但是为了避免赋税，会少生孩子。”

齐桓公见自己的种种方法全都被管仲否定，反问道：“那你说怎么办？”

管仲说了三个字——官山海！

齐桓公顿觉云里雾里，问:“什么叫官山海?”

管仲说:“就是利用大海和高山的资源，去征收赋税。”看着齐桓公一脸不解的表情，管仲解释道:“靠近海的地方，可以用食盐来收取赋税。是人就要消费食盐，国家可以把食盐的经营收归国有，然后提高食盐价格。人们消费食盐，就等于向国家缴纳了赋税，还感觉不到自己在向国家交税，这难道不是一个好办法吗?”

齐桓公顿时明白过来，连声说“妙”!

紧接着，管仲又说:“利用高山的资源去征收赋税，其实就是利用山里出产的金属资源向人民征税。人们在劳动生产时，会用到金属工具，妇女做衣服要用到针和剪刀，男人干农活要用到锄头和犁，这些都是金属做的。只要我们把金属的经营权收归国有，然后提高金属价格，也就相当于向全民征税了!”

齐桓公问:“那一个国家要是没有食盐和金属，怎么办?”

管仲笑着说:“没有资源不要紧，官山海的精髓不是占有资源，而是国家实行专营制度，垄断食盐和金属的经营权。没有食盐的国家，可以向有食盐的国家进口食盐，然后提高价格卖给人民。只要不允许民间私自售卖食盐，人们就只能向国家购买，国家就可以通过这种方法收税。”

听到这儿，齐桓公已经迫不及待了，说:“好!我们齐国靠海，有的是食盐，也有金属资源，马上就实施官山海政策!”

管仲提出的官山海政策在齐国推广开来之后，齐国国库很快丰盈起来。更关键的是，通过这个政策，全国的经济大权都掌握到了朝廷手中。这也是管仲想要的结果。他认为，经济大权由国家统一掌握，国家就强大；由两家掌握，国家的军事力量就要被分走一半；由三家掌握，国家就再也没有能力主动出兵了；由四家掌握，国家一定会灭亡。所以，如果国君能够掌握人民的贫与富，那么人民就拥戴国君有如日月，亲近国君有如父母。

此时，管仲又找到齐桓公，对齐桓公说："通过官山海的政策，我们的税收大大提高了，但是接下来，我们要减税。"

齐桓公惊讶道："减税？是嫌我们的钱太多了吗？"

管仲摇摇头，说："减税，是为了让国家多赚钱！"

听了管仲的话，齐桓公感觉自己的智商受到极大的侮辱，说道："我只听说过加税可以让国家更富有，从来没听说过减税可以让国家赚到钱的！你具体说说。"

管仲说："我们要降低与其他国家的贸易税，不仅出口税要降，进口税也要降！降低出口税，是为了让我们国家的手工业品占领其他国家的市场。"

齐桓公联想到：前一段时间管仲成立了专门管手工业的机构，齐国的手工业规模开始迅速扩张。他对管仲说道："这我能理解，降低了出口税，就能让我们国家的产品卖到其他国家，赚其他国家的钱。但是，为什么连进口税也要降？"

管仲说道："降低进口税，是为了吸引各国商人来我们国家经商，外国商人把货物运到我们国家，必然不会空手回去，也一定会把我们的货物运往国外。越多商人来齐国经商，齐国的商品流通就越快，我们会逐渐变成天下商贸的'中心'。这难道不能给国民和政府带来更多的财富吗？"

齐桓公此时终于理解了管仲的"高瞻远瞩"。原来，**管仲赚的不是眼下的小钱，而是未来的大钱，**对此，齐桓公表示坚决支持。很快，齐国的贸易税就降了下来，其他国家的商人听说这个消息后，蜂拥而至。

管仲为了接待外国商人，修建了许多旅馆、客栈，不仅吸引来更多的客商，还顺便赚了不少住宿费。此后几年，齐国首都临淄成为当时最繁华的城市，常住居民达到30万人，还有许多来自各国的商人在城市里川流不息。

管仲的"减税政策"给齐国带来了经济上的繁荣。事实上，管仲一贯反对收取过多的"直接税"。他认为：人民总是予之则喜，夺之则怒，这是人之常情。所以，在收税的时候，如果让人民感觉到自己被收了税（直接税），他们就会感到不舒服。因而要避免提高直接税，而是用更加隐晦的方式收取税赋，也就是前面提到的"官山海"政策。

叁

提倡奢侈消费

该省的省，该花的花，相比怎么赚钱，如何花钱更能考验一个人的能力。

在管仲的治理之下，齐国越来越富，而且是从上到下的富，不仅国库充盈，民间也出现了许多有钱人。于是，管仲开始在齐国修建诸多娱乐场所，专门供齐桓公和大臣消遣娱乐。

当时，大多数读书人认为：想要治理好一个国家，就要提倡勤俭节约的理念，不能任由奢靡之风蔓延。但管仲却有不同的看法，他认为：必须给那些有钱人找到“花钱的去处”，要不然，富人的钱花不出去，穷人就没有赚钱的门路，经济一定会受影响。因此，管仲不仅修建了许多娱乐场所，还鼓励奢侈消费。管仲提倡厚葬，特别支持富人给自己或亲人修建豪华墓地，购买大型棺椁。管仲对别人说：“富人修建豪华墓地，泥瓦匠就有钱赚；购买大型棺椁，木匠就有钱赚；使用高档寿衣，女人织的布就有了销路，那些专门做寿衣的手艺人也不愁没有工作。这是多好的事情啊！”

修建墓地毕竟是一个人一生仅有一次的消费，不属于日常消费，因此产业规模不可能太大。为了刺激齐国的民间消费，管仲决定想办法增加人们在“吃”这件事情上的消费热情。为了在齐国营造“贪吃”的消费氛围，管仲巧妙地利用了齐桓公的“名人效应”——他首先给齐桓公招来一位叫易牙的知名厨师，天天给齐桓公换着花样做美食，齐桓公自然也乐在其中。正所谓上有所好，下必甚焉，大臣们见齐桓公成了美食家，自己也不能落伍，于是纷纷寻觅各种美食。民间见国君、贵族都喜欢吃，也开始效仿，一时间，齐国餐饮业呈现一派欣欣向荣的景象。

管仲的所作所为，其实都是为了提高齐国的就业率，让每个人都能有工作。如此，齐国才能成为真正的经济强国。

当然，在此过程中，也出现了一些荒唐事。比如，当时有些贵族为了炫富，让人在自己家烧的柴火上“雕花”，然后再烧掉，这样做虽然增加了木匠的收入，却也造成了劳动力的极大浪费。不过管仲并不认为这样做有错，他的核心想法是：奢侈消费，是富人的专属，可以让富人把自己的财富通过消费重新“分配”给穷人，是一种平均社会财富的手段。

管仲非常重视社会财富的公平性，他说过：

“凡将为国，不通于轻重，不可为笼以守民；不能调通民利，不可以语制为大治。是故万乘之国有万金之贾，千乘之国有千金之贾，然者何也？国多失利，则臣不尽其忠，士不尽其死矣。岁有凶穰，故谷有贵贱；令有缓急，故物有轻重。然而人君不能治，故使蓄贾游市，乘民之不给，百倍其本。分地若一，强者能守；分财若一，智者能收。智者有什倍人之功，愚者有不赓本之事。然而人君不能调，故民有相百倍之生也。夫民富则不可以禄使也，贫则不可以罚威也。法令之不行，万民之不治，贫富之不齐也。且君引錣量用，耕田发草，上得其数矣。民人所食，人有若干步亩之数矣，计本量委则足矣。然而民有饥饿不食者何也？谷有所藏也。人君铸钱立币，民庶之通施也，人有若干百千之数矣。然而人事不及、用不足者何也？利有所并藏也。然则人君非能散积聚，钧羡不足，分并财利而调民事也，则君虽强本趣耕，而自为铸币而无已，乃今使民下相役耳，恶能以为治乎？”

大致的意思是，如果国家没有调节社会上的贫富差距，那么奸商、富人就会把大部分利益装进自己的腰包，穷人就会越来越贫穷。如此一来，国家的法令就难以推行，因为富人太富，国家也驱使不动他们；穷人太穷，就没有什么可以失去的，国家的刑罚对于他们来讲也就失去了作用。

这是管仲从社会治理的角度，给奢侈消费提供的一个“政策依据”。更难得的是，管仲之所以能够提出奢侈消费的理念，背后是他对于经济学的超前认识。春秋时代的管仲，就认识到了消费与货币、消费与商品以及消费和生产的关系。他说：“俭则金贱……侈则金贵。”意思是，如果一个国家的人都非常节俭，只储蓄不消费，这个国家的货币就要贬值；一个国家的人如果非常热衷于消费，这个国家的货币就会升值。

当然，管仲并非一味提倡扩大消费。当遇到灾荒年，农民失去耕地、生产遭到很大破坏、经济受到严重挫伤时，管仲就会提倡节俭消费。而且，管仲只支持有钱人用个人财产进行消费，对于国家的财政支出，一贯提倡节俭。他认为国家应该把钱花在有用的地方，一切过度的财政支出，都是对国力和民力的损耗。管仲说：

“故曰：‘主上无积而宫室美，氓家无积而衣服修，乘车者饰观望，步行者杂文采，本资少而末用多者，侈国之俗也。’国侈则用费，用费则民贫，民贫则奸智生，奸智生则邪巧作。故奸邪之所生，生于匮不足；匮不足之所生，生于侈；侈之所生，生于毋度。故曰：‘审度量，节衣服，俭财用，禁侈泰，为国之急也。’”

意思是说：国家如果十分奢侈的话，就会浪费开支，人民会因此陷入贫困。人民一贫困，各种社会问题就会层出不穷。所以要节用，禁止奢侈，这才是治国的当务之急。

总而言之，无论奢侈还是节俭，都是管仲根据社会经济形势做出的理性选择，而不是由他个人的“好恶”来决定的。

肆 小手段与大智慧

谋求财富，获取成功，大智慧不可少，小手段也不能缺。

管仲这个人，既有高屋建瓴制定国策的大智慧，也有随机应变解决突发问题的小手段。而且，管仲和同时期的其他政治家有个显著的区别，那便是他在解决问题的时候，更喜欢用经济手段，而非行政手段。

齐桓公愁眉苦脸地对管仲说："我们国家四面都是敌人，而且许多粮食还需要进口，那些在战争中死去的士兵，我都没有粮食去抚恤他们的家属，这该怎么办？"

管仲说："我们国家粮食少，但是有许多达官显贵，他们悄悄囤积了许多粮食。正因为他们把粮食囤积起来了，所以加剧了市场上粮食短缺、粮价过高的状况。您不如这样做……"管仲给齐桓公出了一个"奇谋"。

过了几天，齐桓公穿着一身粗布衣服，把所有的达官显贵叫到自己面前，对他们说："现在我们国家的粮食储备不足，很容易被敌国围困，我知道，你们家里都囤积着大量的粮食，我想用市场价格收购你们的粮食，你们不要囤积居奇了。"

达官显贵一看，齐桓公穿得如此朴素，明显是在哭穷，看来不把粮食低价卖给他是不行了，于是纷纷表示愿意把粮食低价卖给国家。如此一来，在短时间内，齐国国库中的粮食翻了四十倍。

齐桓公拿着低价买来的粮食去赈济战死士兵的家属，还成立政府机构收养贫民和患病的百姓，照顾没有子嗣的贫困老人，齐国百姓无不感恩戴德。前线的将士听说了这些事情之后，在战斗中更加英勇。管仲对人们说："我们齐国军人并非不怕死的战争狂人，他们之所以如此英勇，是因为他们知道，即便在战争中遭遇不测，自己的家人也会得到妥善的照料，没有后顾之忧。"

不久，齐桓公又有事情需要管仲解决。他对管仲说：“现在，国家正在大量制造兵器，因此向民间收购了许多皮、干、筋、角之类的原材料，这导致民间的皮、干、筋、角价格很高，许多老百姓买不起了，这可不行啊！”

管仲想了想，说：“好办！您可以下一道命令，在全国范围内搭建高桥，挖深水池。”

“高桥？要多高？”齐桓公不解道。

管仲说：“最好是行人站在桥东看不到桥西，站在桥南看不到桥北。”

齐桓公说：“可是，我要你解决的是皮、干、筋、角太贵的问题，你怎么让我建桥？”

管仲解释说：“现在，咱们国家的路太平坦了，所以人们都自己拉车，不买牲畜。如果我们修建一些高桥，人们就必须买牲畜去拉车，这样的话，我国的牲畜就会多起来。牲畜多了，皮、干、筋、角这类东西还会少吗？”

齐桓公恍然大悟，马上按照管仲说的去做。果然，齐国国内的牲畜需求量大大提升，周边许多国家的人听说齐国人需要大量的牲畜，便赶着成群的牛马到齐国来卖。牛马一多，难免会有死伤，商人的牛马一死，就能产出大量的皮、干、筋、角，齐国老百姓可以用很便宜的价格买到这些商品了。

又有一次，齐桓公对管仲说：“越国的水军很强，咱们自己的士兵大都不熟悉水性。要是和越国在水上争锋，恐怕打不过他们。”

管仲眼珠子“滴溜溜”一顿乱转，说：“我们修建一些堤坝，阻挡住原山的水流，然后让大臣在堤坝附近修建一些玩水的设施，以便百姓开展水上娱乐活动。然后，您再下达一条命令——国家要定期举办游泳比赛，善于游泳的人，会得到国家的现金奖励。”齐桓公按照计划去执行了。不久之后，齐国精通水性的人越来越多，并且有了五万多人的精锐水军部队。

管仲帮助齐桓公解决了国内大大小小各种问题，齐桓公越来越觉得自己离称霸的目标很近了。于是，他又一次对管仲说道：“我觉得齐国的实力已经很强了，要不要用实际行动展示给外界看看？”

这一次，管仲也觉得时机成熟了，便说：“我也觉得时机到了。”

齐桓公很高兴，说道：“之前在长勺之战中，我们齐国损失惨重，现在应该到了报仇的时候，我决定再次攻打鲁国。”

管仲说：“好！”

于是，齐桓公召集军队，为攻打鲁国做准备。鲁国得到这个消息之后，非常惶恐，因为他们知道，经过齐桓公和管仲这些年的励精图治，齐国的实力已经今非昔比，现在和齐国打仗，肯定会输。经历了几番战斗，最终鲁庄公决定和齐国谈判。

弱者与强者谈判，只能靠牺牲一些小利益，来保全自己的核心利益。鲁国表示：愿意割让一些土地，并且尊齐国为盟主。齐桓公见条件比较好，便答应谈判。双方约定在一个叫“柯”的地方正式谈判。

鲁国的谈判代表除了有鲁庄公，还有曹刿，齐国这边主要由齐桓公和管仲出面。

谈判中，齐桓公狮子大开口，要求鲁国割让许多土地。鲁庄公见对方的要求实在太过分，便拔出宝剑，说：“如果我答应了你的要求，还有什么脸面去见我的列祖列宗，不如我现在死了算了！”

曹刿见状，顿时非常激动，不过他没有阻止鲁庄公，而是拔出宝剑，冲到齐桓公面前，劫持了齐桓公。曹刿说道：“请您收回成命，归还鲁国的土地。”

齐桓公的性命被捏在人家手里，只有服软，不再向鲁国提出土地上的要求。齐鲁双方定了盟约，成为盟友。

此事过后，齐桓公越想越气，对管仲说：“我当时被曹刿胁迫，所以才答应了他的要求。就算我现在反悔了，他能把我怎么样？”

管仲劝说道：“一国之君，说出去的话是不可以反悔的，即便是对方要挟，咱们也要信守承诺，要让天下人都知道，齐国国君一言既出，驷马难追，是讲信用的。”

齐桓公想想也是，便将之前占领的鲁国土地都还给了鲁国。因为这件事情，齐桓公在诸侯中间赢得了广泛的信任。从此之后，齐桓公讲信用的名声，天下人都知道了。

齐桓公二十三年（公元前663年），齐国收到一个消息——山戎侵犯燕国，燕国抵挡不住，请求齐国支援。山戎是古代北方游牧民族，经常南下入侵中原各国，齐国也曾经被山戎入侵过。

齐桓公问管仲：“山戎侵犯燕国，燕国向咱们求救，咱们救还是不救？”

管仲毫不犹豫：“救！想要称霸天下，就要为天下做出贡献。山戎是中原的大敌，我们有责任消灭他们。”

于是，齐桓公亲自率领士兵，去救援燕国。

山戎得知齐国来救燕国，不敢停留，在燕国抢劫一番后，回到了北方草原。管仲对齐桓公说：“山戎抢劫一番之后，毫发无损地回到了自己的地盘，他们尝到了甜头，将来一定会卷土重来，不如我们主动出击，去攻击他们的老巢。”

齐桓公是个比较好战的人物，正巴不得向诸侯显示自己的兵威呢，于是便带兵北伐，成功击败了山戎。不过，此次北伐并非一帆风顺。在一次战斗中，齐桓公、管仲等人迷失了方向，多亏一匹老马认得路，才把他们安全带回营地。此次意外事件，留下了“老马识途”的典故。

救援了燕国之后不久，一个叫“狄”的北方游牧民族又来侵扰中原的邢国。此时，齐桓公急公好义的名声已经传遍诸侯国，于是又出兵援助邢国，帮助邢国打败了狄人，齐桓公再次赢得了诸侯的称赞。

伍

会盟天下英雄

越是得意，越要注意。大多数人会在春风得意时，栽最狠的跟头。

齐桓公三十年（公元前656年），楚国攻郑国。

楚国虽然也是诸侯之一，但是在当时其他中原诸侯眼中，楚国属于“蛮夷”，就连楚国人自己也说：“我蛮夷也。”

蛮夷侵扰中原诸侯国，齐国自然要出面主持正义，齐桓公决定援助郑国。管仲对齐桓公说：“现在援助郑国，不如直接攻打楚国。要想打败楚国，光靠齐国的力量恐怕做不到，必须会盟其他诸侯，组成联军，一起进攻楚国。”

齐桓公很惊讶地说：“组织联军？可是楚国得知这个消息之后，一定会有防备，岂不是增加了我们进攻楚国的难度？”

管仲说：“我们以攻打蔡国的名义，召集各国诸侯，这样就可以迷惑楚国了。”蔡国之前与齐国有仇，所以用攻打蔡国的借口出其不意攻打楚国，再合适不过。

齐桓公觉得管仲的计策不错，便派出使者去宋、鲁、陈、卫、曹、许等国，相约共同起兵，讨伐蔡国。

齐桓公三十年（公元前656年），齐桓公命管仲为大将，率领战车三百乘，兵士数万人，向蔡国进发。

蔡国是个小国，不堪一击，齐军很快就击败了蔡国军队，蔡国国君出逃楚国。此时，宋桓公、鲁僖公、陈宣公、卫文公、郑文公、曹昭公、许穆公七国诸侯，也率领军队赶到了蔡国。于是，七国连同齐国一起，组成了八国同盟，一起讨伐楚国。

齐国军队来到楚国边境上，遇到了楚国使者屈完。屈完问齐国为什么要攻打楚国，两国之前并无仇恨。

管仲说道：“周成王封赏我齐国先祖姜子牙为诸侯，并且对我们的先祖说：‘您可以世代执掌讨伐之权，以此辅佐周室。只要天底下有诸侯不服从王室，您都可以讨伐！’你们楚国一贯不服从周王室。周天子让你们进贡包茅（一种草料），你们却胆敢拒绝！而且，当年周天子死在你们楚国，和你们楚国有直接关系。因此，我齐国国君才前来讨伐！”

管仲所说的周天子死在楚国，指的是周昭王南征时，路过楚国，楚国人为周昭王准备的船不合格，在汉水“自动沉没”，导致周昭王沉水而亡。

听了管仲的话，屈完辩解说：“许多诸侯不给天子进贡，难道只有我楚国未曾进贡吗？而且，我们保证，以后一定会按时进贡。至于周昭王之死，完全是无知百姓的责任，跟我们楚国没有关系！”

听了这话，管仲对齐桓公说：“不跟他们废话了，直接给他们点儿颜色看看。”于是，管仲命令军队向前推进，驻扎在了汉水旁。

楚国见齐国与其他七国的大军步步紧逼，赶紧派屈完再来谈判。这一次，屈完的姿态更低了。见到齐桓公和管仲之后，他先是行了大礼，然后说道：“我们的国君现在知道错了，如果您肯退兵三十里，我国愿意唯命是从。”

齐桓公见对方如此顺从，也不好再步步紧逼，果然将军队后退三十里。

另一旁的楚王，见齐桓公如此“好说话”，便有些膨胀，对手下人说：“齐桓公果然退了三十里，他还是怕我们楚国，我以后还是不进贡！”

楚王手下的大臣有明白人，说：“对方信守承诺，我们如果背信弃义，岂不被天下人耻笑？”楚王这才醒悟，答应继续给周天子进贡，并与齐国结成同盟，等于承认了齐桓公的盟主地位。

不久，楚国进贡的包茅就送到了周天子那里。周天子高兴极了，对身边人说："楚国不服朝廷几百年了，如今竟然主动进贡，想必是祖宗显灵了。"不过很快，周天子就知道楚国之所以来进贡，不是祖宗显灵，而是齐桓公大兵压境的结果。从那以后，周天子对齐桓公更加另眼相看。

齐桓公三十四年（公元前 652 年），周天子因病去世。

按道理，天子去世，他的儿子姬郑应该继位，成为新一任周天子。但是姬郑感觉到，当时朝廷里有人不想让自己当天子，并且正在谋划阻止自己接任。为了顺利成为天子，姬郑派人去见齐桓公，请齐桓公为自己"撑腰"。

齐桓公收到消息后，立即把天下诸侯都叫到一个叫"洮"的地方会盟，一来是为周天子奔丧，二来是为扶持姬郑继任。

有了齐桓公和各路诸侯的支持，姬郑成功继位，成为新一任周天子。

后来齐桓公召集天下诸侯在葵丘会盟，他对天下诸侯说："以后所有诸侯都要遵守周礼，必须定期朝奉天子，相互之间不要攻伐，和平共处。"

新任周天子听说这件事情后，感激得无以复加，于是便派大臣去葵丘，代表自己给齐桓公送去了祭肉。

在当时，天子赐祭肉是规格极高的礼遇，按照周礼，只有姬姓诸侯才有资格享用。周天子将祭肉赐给齐桓公，等于是变相认可了他"天下盟主"的身份。管仲对齐桓公说："您在接受祭肉的时候，一定要向周天子的位置行大礼，即便他没有亲临现场，也应如此，必须给周天子足够的尊重。"

齐桓公对管仲言听计从，自然照做。但是，此时的齐桓公实际上有些膨胀了，在接受了周天子的祭肉之后，他萌生了去泰山封禅的想法。泰山封禅，历来是天子才可以做的事情，所以管仲见齐桓公要做这样的“越格之事”，便出言劝阻。

齐桓公很生气地说：“我南伐楚国，北伐山戎，天下诸侯没有一人敢违抗我。这样的功业难道不可以传之后世吗？”

管仲说：“自古以来，先是有祥瑞出现，而后才封禅泰山。北方出现嘉禾，东海有比目之鱼，西海有比翼鸟出现，祥瑞之物，不召而现，如此，帝王才会封禅泰山，以书史册，传于子孙。如今嘉禾不生，而蓬蒿满地，凤凰不来，而燕雀满天。如此若举行封禅，恐怕会遭受耻笑啊！”

齐桓公闻言，只好打消了封禅泰山的念头。

正因为管仲始终提醒齐桓公要尊王攘夷，不可轻易挑战周王室的权威，所以，齐桓公虽然称霸天下，强压群雄一头，但还是得到了其他诸侯国的拥护，是春秋霸主中最得人心的一位。

葵丘会盟之后，齐桓公带着管仲回到了齐国。此时，齐桓公有些“肝疼”了——举办这么一场会盟，威风是威风，可钱也没少花。齐桓公问管仲：“会盟天下英雄，虽然出了一些风头，也得到了一些虚名，但怎么才能把虚名变成实惠呢？”

管仲没有想过这个问题，一时间没有主意，只好对齐桓公说：“您容我想想。”

当时，马车正好路过一片乱石岗，车马难行，不易通过。管仲下车查看，只见此地的石头洁白无比，他心头马上萌生了一个想法，于是找到齐桓公，对他说：“请下令招聘一批玉匠，把此地的石头按标准雕制成一块块的石璧，一尺长的定价一万钱，八寸的定价八千，七寸的定价七千，石珪定四千，石瑗定五百。”

齐桓公不明所以，但还是按照管仲的话去做了。石璧完成之日，管仲便带着石璧朝见周天子。管仲对周天子说：“为了您的尊严，我国君主打算率领诸侯前来朝拜先王的宗庙。”

周天子很高兴，说：“可以！”

管仲又说：“请大王下一道命令，凡是来朝拜先王宗庙的诸侯，都必须带上‘石破天惊’璧，作为贡礼。”所谓“石破天惊”璧，就是之前齐国用石头雕刻而成的石璧。

周天子说：“这没问题。”

等到诸侯朝拜周朝先王宗庙的那一天，果然都是带着“石破天惊”璧来的。这些石璧全部是从齐国购买的。齐国卖这些石头赚的钱相当于自己国家八年的税收。

齐国用“破石头”换来巨量财富之后，齐桓公便下令停止向本国百姓征税。这个免税政策持续了十年之久，齐国百姓从中受益良多。

再说周天子，他知道管仲是个赚钱的奇才，于是对管仲说：“我们王室的经济也很困难，不知道先生有没有什么好办法呢？”

管仲很快就想出一个主意。他对天子说：“楚国不是给朝廷进贡来许多包茅吗？那玩意儿做席子不错，但其实不值钱，不如这样，您将来去泰山祭天的时候，叫上诸侯一起去，同时下一道命令——凡随天子祭天的诸侯，必须携带一捆包茅，祭祀时用它垫席。没有包茅的诸侯不得入内。”

周天子按照管仲的话去做，诸侯便纷纷向朝廷抢购包茅。周天子靠着“卖草”，在三天之内赚到了他之前七年的收入。

陆 管仲的经济战

财富不仅是安全的“护盾”，有时候，它更是进攻的“武器”。

齐桓公在称霸天下的过程中，虽然也屡次发动战争，但在管仲的谋划之下，齐国将战争的规模控制到了最小，避免了大量的军事投入和人员伤亡。

那么，管仲是如何在尽量不发动战争的前提下让其他国家臣服的呢？答案是：利用经济的武器。

管仲靠着自己在经济方面的过人胆识，**创造性地将经济变成一种可以打败一个国家的武器，成为历史上发动“经济战”的第一人。**

在齐国与鲁国较量的过程中，管仲发现：鲁国特产一种丝绸，质量上乘，许多诸侯国的贵族都以穿鲁国丝绸为荣，齐国也不例外。

因为每年要购买大量的鲁国丝绸，齐国的财富也大量流向鲁国。管仲非但不认为这是一件坏事，反而从中发现了一个击败鲁国的办法。他下令，整个齐国的人都不许再生产丝绸，以后齐国人用的丝绸都要从鲁国进口，而且只能从鲁国进口。

对于管仲的这个命令，贵族们自然很高兴——他们本来就很喜欢鲁国丝绸。鲁国人更高兴了，由于整个齐国都在从鲁国进口丝绸，所以鲁国丝绸的出口量迅速增加，许多人靠生产丝绸发家致富。

鲁国人见有利可图，甚至连粮食都不种了，全都改种桑树，全国上下所有人都开始从事与丝绸相关的产业。

鲁国国君更高兴，因为出口丝绸可以给他带来巨量的税收，国家一下子变得很有钱。于是，为了搭上这班经济的“顺风车”，鲁国国君还出台了各种政策，鼓励丝绸生产，顺便还给自己国家的丝绸涨了价。

过了一段时间，齐国商人找到管仲，对管仲说：“由于我们的需求量太大，鲁国丝绸已经涨价了，我们挣不到钱。”管仲说：“放心，从鲁国赚不到钱，国库给你们补贴。”齐国商人没了后顾之忧，更加积极地从鲁国进口丝绸。

没过多久，整个鲁国都成为齐国的“丝绸生产基地”。虽然鲁国人从中赚取了大量钱财，但是也荒废了本国的农业生产。

第二年，管仲突然下令：全国商人禁止进口鲁国丝绸，全国人禁止穿鲁国丝绸做成的衣服。与这条命令同时下达的，还有另一条粮食出口禁令——禁止齐国商人出口粮食给鲁国！鲁国人这下惨了，他们的丝绸卖不出去，又没有种粮食，所以粮食短缺严重。鲁国原本的计划是，把丝绸高价卖给齐国人，然后从齐国进口低价粮食，既有钱赚，又有便宜粮食吃，两全其美。可现在，钱赚不到了，粮食也没有了。

无奈之下，鲁国国君开始向周围国家求购粮食，此时鲁国才发现——就连周边国家的粮食都被齐国买走了！很明显，管仲的这波“操作”就是冲着鲁国来的！但是鲁国却无法指责管仲，因为丝绸是你自己愿意生产的，粮食生产也是你自愿放弃的，人家齐国又没有逼你。最终，鲁国还得拉下脸来向齐国求救，心甘情愿成为齐国附庸。

像这样的经济战术，管仲用了不止一次，历史上记载的还有买鹿制楚、衡山之谋。

所谓买鹿制楚，是用来对付楚国的。当时，楚国的特产是鹿，管仲便派人向楚国大规模收购鹿，把楚国的鹿炒到了八万钱一头。管仲还对来齐国经商的楚国官方商人说：“如果你能给我二十头鹿，我赐你黄金一百斤。”楚国人得知这个消息后，啥也不干了，一门心思上山抓鹿。当时正是播种的时间，由于楚国全民抓鹿，没人再去播种，耽误了农事，因此当年楚国发生了粮食危机。许多楚国人逃亡齐国避难，大大削弱了楚国的国力。这件事情三年后，楚国向齐国屈服。

所谓衡山之谋，是管仲对付衡山国的手段。衡山国的兵器很出名，管仲便向他们大量收购兵器，其他国家一看齐国购买了许多兵器，以为齐国要发动战争，为了备战，纷纷向衡山国购买兵器。一时间，衡山国的老百姓全部开始生产兵器，没人种地了。管仲又如法炮制——停止收购兵器，同时阻止粮食出口到衡山国。衡山国气坏了，想要攻打齐国，但发现自己国家的兵器几乎都卖了，连一支军队都武装不起来，无奈只好屈服于齐国。

齐桓公四十一年（公元前 645 年），为齐国称霸天下操劳大半生的管仲病重，眼看就要撒手人寰。齐桓公着急坏了，他知道，自己能有今天的地位，齐国能有如今的荣耀，一大半的功劳要归管仲，于是齐桓公亲自探望管仲。

管仲果然是不行了，病恹恹的，只剩下了最后一口气。齐桓公赶忙问管仲：“国相，你死之后，让鲍叔牙代你做国相，可以吗？”

鲍叔牙是管仲的好朋友，也是管仲的救命恩人。齐桓公让鲍叔牙接替管仲的位置，似乎也是为了让管仲走得安心一点儿。谁料管仲却说：“不可以！鲍叔牙刚硬、固执、强悍，刚硬容易对百姓使用暴力，固执得不到众人之心，强悍难以使下属为其所用。有这样的性格，不能做霸王的辅佐之才。”

齐桓公很惊讶，但是觉得管仲说得没错，于是便问：“隰朋呢？”

管仲点点头，说："这个人可以。"随后，管仲又嘱咐齐桓公："易牙、卫开方、竖刁，这三个人千万不要重用。"齐桓公虽然点头表示同意，但心里却有不同的想法。在他看来，那三人非常忠诚。比如易牙，有一次，齐桓公对易牙说，我什么都吃过，就没吃过人肉。晚饭时，易牙就端上一盘肉，齐桓公觉得很好吃，问是什么肉？易牙说："我儿子的肉，您不是没吃过人肉吗，我把儿子做成菜，您尝尝。"至于卫开方，此人出身高贵，乃是卫国公子，十几年都不曾回家看望父母，一心为齐桓公做事。另外一个叫竖刁的，是个宦官，自愿阉割来宫中伺候齐桓公。在管仲看来，这三个人都太"忠"了，是那种违背人性的"忠"，这样的人，一旦掌握大权，一定会做丧尽天良之事。

见齐桓公答应了自己的临终建议，管仲终于心满意足。此时，他的生命也走到了尽头。一代明相、经济奇才，就此陨落。

关于管仲的身后事，有三件事值得一提。

第一件事，与鲍叔牙有关。一天，易牙见到鲍叔牙后，对鲍叔牙说："管仲死后，大王本来想让你当国相，但你最好的朋友管仲否定了大王的想法，推荐隰朋当国相。"易牙这是在挑拨离间，鲍叔牙却哈哈大笑，说："这正是我当年推荐管仲做国相的理由，他以国家为重，而以私交为轻！"

第二件事，管仲临死前千叮万嘱地对齐桓公说不要重用易牙、卫开方、竖刁三人，可齐桓公并未将管仲的临终嘱托放在心上，重用了这三个人。后来，此三人结党营私，狼狈为奸，甚至还软禁了齐桓公，将其活活饿死，齐国从此走向没落。

第三件事，就是管仲的“成神之路”。管仲死后，后世对他的评价很高。孔子虽然觉得管仲这个人太喜欢浪费，也不太懂礼仪，但还是说，“管仲辅佐齐桓公称霸诸侯，一匡天下，直到今天，人们还在享受管仲当年留下的福祉。要不是管仲，我们中原早就被蛮族占领，像蛮族一样披头散发，穿着左衽的衣服。”蜀汉明相诸葛亮，也非常推崇管仲，在没有出山之前，诸葛亮便将管仲视为偶像之一。诸葛亮“自比管仲乐毅”，就是说常常把自已比作管仲和乐毅，可见诸葛亮认为自已如果能够获得管仲那般成就，就算成功了。

民间更是把管仲直接“封神”，是“四方财神”中的“东南财神”。民间将管仲视为财神的原因有二：一是管仲在齐国当国相时，非常重视发展民间经济，主张“藏富于民”，并且千方百计地发展各种产业，增加人民的收入。管仲说过：“仓廪实而知礼节。”意思是说，人民有钱了，才能有礼有节，所以管仲的政治目标就是——通过让人民富起来，提高人民的素质，进而提高国家的竞争力。这样一位真心实意为百姓谋财的人，当得起财神二字。二是管仲可能是中国历史上第一位经济学家，他的许多经济思想，即便在今天看来，也是很有道理的。这样一位有经世济国之才的人物，不仅给当时的人谋求来许多经济利益，也为后世之人留下了宝贵的精神财富。善用管仲留下的“精神财富”，是可以给国家和民众带来物质财富的，所以后世人将管仲视为财神，再恰当不过了。

南阳商圣

范蠡

——三次散财，三次发家

为官则出将入相，经商则富有四海，范蠡的人生传奇，是一部不断进取的『创业史诗』。

壹

不当权臣，去行商

能拿出别人拿不出的“产品”，才可以赚到别人赚不到的钱。

范蠡有两段人生。

前半生，他是大权在握的朝堂重臣，君王倚仗的国家支柱。在越国，他一人之下、万人之上，一言可以兴邦，一个眼神便能定人生死。

范蠡并非越国人，他出身于楚国寒门，因在楚国无用武之地，只好与好友文种来到越国寻求机会。

到越国后，范蠡得到了越王勾践的赏识。然而，彼时的勾践正处在人生低谷——越国被吴国所败，眼看就要灭国。勾践为保留一线希望，心甘情愿前往吴国，以奴隶身份侍奉吴国国王夫差。而范蠡则随勾践一起入吴，是“奴隶中的奴隶”。在吴国为奴三年后，他们才侥幸回到越国。

灭国之痛、为奴之辱，如跗骨之疽一般刺激着越国君臣的心。为了复仇，勾践卧薪尝胆，范蠡则殚精竭虑，为越国制定了“劝农桑，务积谷，不乱民功，不逆天时”的发展策略，使得越国国力快速提升。

与此同时，为了麻痹吴国，范蠡还从民间寻得了西施、郑旦两位美女，送给吴王夫差。在“献媚”的同时，也希望可以借美色扰乱夫差的心智。西施、郑旦皆是罕见的美女，特别是西施，拥有倾国倾城的容貌，亦是兰心蕙质的佳人，范蠡曾与她有过一些纠缠，但在复仇大业的面前，儿女情长只能先放一放了。

眼看越国一天天兵强马壮，勾践忍耐不住，几番提出要出兵攻打吴国，报仇雪恨。范蠡则屡次以“时机未成熟”为由，劝阻勾践继续忍耐。

公元前482年，吴王北会诸侯于黄池，吴国精兵从王，唯独老弱与太子留守。范蠡对勾践说：“时候到了！”

接下来的十年时间，越国对吴国展开了长期战争，并最终大获全胜。公元前473年，越灭吴，夫差自杀。

在这十年里，作为勾践手下最为倚重的军政大臣，范蠡在越国的地位越来越高，随着勾践灭掉吴国，称霸诸侯，他的声望和尊荣已经达到了顶峰。

但是，范蠡却选择了离开。为何他会放弃荣华富贵离开越国呢？他给文种写的信已经说得非常明白——蜚鸟尽，良弓藏，狡兔死，走狗烹，越王可共患难，不能同富贵。

这一走，开启了范蠡的下半段人生。

周元王四年（公元前472年），那时的范蠡已经六十四岁了，一般的人到了这个年纪，别说还要行走江湖，在外奔波、折腾，就连走路恐怕都有些费劲。

不过，他还是有点“精神”，有些“追求”的，就算已至迟暮之年，龙钟潦倒，也壮心不已、奋发蹈厉。从更“现实”的角度说，范蠡主要是为了保命，省得被勾践算计，弄个不得好死、不得善终之下场。有道是“知足不辱，知止不殆，可以长久”。

离开之后，范蠡带着几个仆从去了太湖，此时的他还不曾想过未来的路该如何走。过了这么多年刀口舔血的日子，此时的他只想放下一切，随心所欲地享受生活。

他乘坐扁舟一叶，在太湖里悠闲游览。兴之所至，或于湖中闲钓，采些莲藕，弄碗鱼汤，饮些酒浆；或登临野岛，架柴生火，沐风赏月，参星观斗；或更名换姓，乔装打扮，去岸上走访村落，混迹于集墟。

这样过了半年有余，范蠡一行把五百里太湖几乎转了个遍，不仅身体有些疲乏，新鲜劲儿过后，连“审美”也都出现了“疲劳”，遂在太湖西边的独山脚下找了处地方住了下来。此地有山有水好风光，更主要是这里出产陶器，他看中了这个生意。

经商做生意，这是范蠡的强项之一。这么多年来，他光顾着做官、打仗，帮助勾践复仇、兴霸了，倒忘了经商这档子事儿。现在闲着也是闲着，看到有钱可赚便动心了，不觉“技痒”。另外，他身上固然还有不少珠宝，但这些玩意儿只能越花越少，为以后生计，不能不早做筹划，有备无患，更何况“天下熙熙，皆为利来；天下攘攘，皆为利往”乎？

独山以及邻近的鼎山陶土广布，且多是紫砂土，“岩中泥”“泥中泥”，品质上乘。当地人自古就会烧制陶器，所制盆、碗、钵、罐、盂、釜、鼎等器皿除了家用，还有不少卖于外乡。

范蠡在太湖周边闲逛时，发现集墟上所卖、每家每户日常所用陶器，差不多全出自独山。价钱倒也不贵，只是东、西、南、北四岸不一，差异甚大。中间有差价，商人即有利可图，有钱可赚。不过，范蠡做这陶器生意，可不光是从制陶人家低价买来，再高价卖出，以赚取差价，而多是由自己烧制，“产销一条龙”也。并且在立窑烧陶那几年，他还不法常可，鼎新革故，有许多改进和创造。

彼时，独山、鼎山一带的陶窑有圆窑和长窑两种，其中又以圆窑居多。因圆窑火膛和窑室合为一个“馒头”形空间，后世即称为“馒头窑”。此种窑炉结构相对简单，易于建造，然其烧制时间长，费时、费柴、费力，残次品也多。长窑一般依山而建，其窑头、窑床、窑尾首尾相继，形体狭长，斜卧似龙，故后世称为“龙窑”。与圆窑相比，长窑装烧量大，炉内温度易控，用时短，成品率高，应算当时最好之窑炉。然不论是圆窑还是长窑，在独山和鼎山都没有大的，所有制陶人家都是“小打小闹”，图个小本小利。

范蠡一上手就有“大气魄”，敢下本钱，建了一口超大长窑，窑内多多装坯，炉内多多添柴加火，烧一次窑，即抵得上数个小窑所产。如是，不仅他自己的窑货产量大，获利多，也影响和带动了别的制陶人家，起示范引领之作用。

至于具体的制陶过程，原先范蠡接触不多，了解甚少，对烧制技艺更是不懂，但他爱琢磨，肯钻研。按惯常做法，窑炉点火后，须一直添柴不止，保持一定火势，直到将窑坯烧透了方才熄火。这样几天下来，火候很难把握，容易将窑坯烧裂、烧破，或者烧不透。

有一天，闲来无事，范蠡看私徒烧火煮饭。等饭煮开，撑起锅盖，私徒忙将柴灶里的木柴抽出，只留几小块柴头。过了一会儿，又往柴灶里续了一把火。他感到奇怪，将火一直烧着不就完了吗，何苦还要费两遍劲呢？

私徒解释，这叫“回火”，饭煮开后需要焖一会儿，完了再加一把小火，这么煮饭才煮得又香又烂。如果老用大火烧，时间短了饭就夹生，时间长了则会烧焦。

范蠡一听，觉得甚有道理。联想到烧窑时若一直用猛火，不就像煮饭一样出现烧不透或是烧焦的问题吗？于是，他当即去找窑炉掌火师傅，跟他一起商量、尝试，反复试验了好多次，终得控制窑温之法，火候拿捏得恰到好处，烧出来的窑货既坚硬又好看。此法很快在独山、鼎山一带流传开来，所有制陶人家无不效仿、采用。

作为盛放粮食的主要器具，陶缸几乎家家户户都需要，在当时却非常稀罕。因为这么个“大件”，甭说烧制困难，就是在开始拉坯时也甚有难度，稍不小心，就会拉断，或拉不成型。若是印坯，则其“模板”又难做，成本也太高。然而范蠡十分看好这物件，认为一旦烧制成功，不愁没有销路，遂指导拉坯师傅，以平常所做的陶盆、陶罐为模板，不断放大、整形、定型，到底把大缸坯体拉了出来。

接着，他专门建了一孔窑炉，用以试验烧制陶缸，一炉烧坏了再烧第二炉，两炉不行再继续，折腾了两个月，一整窑结实美观的陶缸出炉了，且大大小小，型号不同。此后，独山、鼎山一带大量烧制陶缸，甚至有些人家专做陶缸而不再做其他陶器。后世因之尊范蠡为“制缸先师”。

陶器烧得出来要紧，更要紧的是卖得出去，才能赚钱。范蠡知道哪个地方好卖，哪个地方价钱高，乃将各家各户的窑货统一收购，再由他统一销售，或是合伙组成船队，运往太湖周边抑或更远，每一次都卖得很快。独山虽说距太湖不远，然溪水太浅，不能行船。

为便于窑货运输，范蠡自己出资，发动当地百姓开挖运河，沟通太湖，又开挖了一条支河直通窑炉集中的地区。许多年后，此运河被称作“蠡河”，支河唤作“蠡墅浜”。不知从什么时候始，他竟又获得了“兴陶师祖”的荣誉称号，人们为他建庙塑像，长年祭祀，香火不绝。

在独山、鼎山，范蠡除了烧陶、卖陶，也曾养过鱼，同样大获成功。这也是他琢磨出来的点子，属机缘巧合，偶然得之。有年冬日，范蠡想弄几条稍微大点儿的鱼吃，谁知私徒出去转了半天，没有买到，回来后，情急智生，直接从院中池塘里抓了两条。原来他当初购买这一住处时，院中即有一个小池塘，为了应景，放进了十几条小鲤鱼。

此事过后，谁也没有在意。不承想过了一年，这些小鲤鱼竟都长成了大鱼，有几条还长得格外大。范蠡心中一动，如果将鱼放养在大池塘里，肯定一样能长成大鱼。再一想，当年的吴王夫差为能让心爱的西施吃上鲜鱼，还不是特地在姑苏台下修筑了一座“养鱼城”吗？现在他为什么不能围起太湖一角，撒些鱼苗进去，养鱼卖钱呢？

说干还就真干。范蠡先来到太湖岸边，选处合适的湖汊，然后请来篾匠，让他们用竹条编织细密点的箔帘，再砍来一根根竹竿，插入湖中，将箔帘绑上。箔帘直铺湖底，用石头压紧，一大片水面即围了出来。最后，将大批小鲤鱼、小白鱼、小青鱼放了进去，他就等着小鱼长成大鱼，张网收获了。

这**围湖养鱼，范蠡虽不是“首创”，但如此大规模养殖并大赚其钱的，他确实是第一人**。

范蠡在太湖发了大财，短短几年，他就成了“土豪”，后来又成了“首富”。为此，他很知足，感觉舒心、惬意，正打算接来妻儿一起好好生活，了此余生，却不期然听到文种被害的消息，顿时他又变得紧张起来。

都知文种允文允武、足智多谋、精明强干，这么多年来，一直尽心竭力地辅佐越王勾践，立有汗马之功，但他这人太过笃厚、诚朴、忠直，不善通权达变。范蠡在辞官归隐之前，曾专为他修书一封，曰：

吾闻天有四时，春生冬伐；人有盛衰，泰终必否。知进退存亡而不失其正，惟贤人乎！蠡虽不才，明知进退。高鸟已散，良弓将藏；狡兔已尽，良犬就烹。夫越王为人，长颈鸟喙，鹰视狼步，可以共患难，而不可共处乐；可与履危，不可与安。子若不去，将害于子明矣！

据说文种看了这封书信，不以为然，认为范蠡实在太过小心、太多虑了。越王勾践的脖子是长了点儿，嘴巴是长成了鸟喙样，看人像鹰，走路像狼，但他怎么会说翻脸就翻脸、过河就拆桥、无故伤害忠良呢？

然则，不管文种信还是不信，自从灭掉吴国，成为新的“霸主”后，勾践确实与老臣们日渐疏远，相见日稀。诸稽郢、曳庸、苦成、皋如、计倪等一班重臣，也许是受到了范蠡的“感染”，也许是心里早有想法，纷纷告老乞归。其中，聪明的计倪因辞官未允，还不惜装疯卖傻，自毁“形象”，最后才得以解脱。

事情发展到这一地步，文种自然也有所察觉，故而装病不上朝。只可惜，最终还是未能逃过一劫。

得知文种死讯，范蠡深感痛心。毕竟是相交近五十年的老友、同乡，亲如手足，情逾骨肉，并且他还是随从范蠡入越襄助勾践的，最后竟落得如此下场，岂非奇冤、大悲也哉？

据说，在文种入葬一年后，海水大发，穿山越岭，其墓冢忽然崩裂，有人见伍子胥从海上入江，邀呼文种，两人一前一后踏浪而去，其后每年又逐浪而来。今浙江大潮汹涌，重重叠叠，前面潮头为伍子胥，后面就是文种。忠哉文种，治国之杰！三术亡吴，一身殉越。不共蠡行，宁同胥灭，千载生气，海潮叠叠。

此说当然不足为信。因浙江大潮古已有之，非是突至，伍子胥和文种两位怎可能有如此能耐，弄出这般动静？只不过碰巧在文种死后的第二年，风暴特别凶猛，洪水泛滥成灾，江潮更大些罢了。然看其浊浪排空、翻江倒海之势，听其鸣声如雷，响遏行云，又何尝不似这两人之豪迈气概所发出的千古不平之气？

潮起潮落，跌宕沉浮，人生如是，吴越历史、春秋历史乃至整个历史，亦如是矣。

贰 闷声发大财

钱财，取之有道，视之有度，用之有节。君子富有了，就应多行仁德之事。

在太湖那几年，尽管范蠡一直隐姓埋名，深藏若虚，但越来越为人所熟悉，越来越“出名”。当地一度盛传，有个白胡子老头从太湖里出来，一夜之间起了长窑，烧出了大缸；又是一夜，围起了湖汊，养起了大鱼，家里有座金山，种着摇钱树，还有聚宝盆……直把范蠡吹得神乎其神，非是凡人也。许多人喜欢跟他接近，或商谈生意，或讨教制缸、养鱼之事，或干脆就是闲聊家长里短，东拉西扯一通，甚至有些外地人来到独山，不为别的，只为看他到底是何模样。

这对于范蠡个人而言，委实不算好事。人怕出名猪怕壮，树大招风，越是“出名”就越容易暴露真实身份，待在此地就越发危险。之前他还心存侥幸，有些放松，觉得过了这么长时间，勾践说不定早忘了他，不再予以“追究”了。然文种之死又让他警觉起来，勾践不放过文种，还能放过自己吗?

思前想后，范蠡决定快快离开独山，另寻地方去住。他做事向来干净利索，这次更是毫不犹豫。几年来，他又是烧陶又是养鱼，虽不像传说中那样攒了一座金山，然家中戈币、布币、贝币、郢爰以及轻宝珠玉的确不少，他将这些财物乃至长窑、渔场全部散给当地人家，只用一个鸱夷装了少量珠宝，作为自用。

对范蠡来说，做生意就是为了赚钱，富商蓄贾不是耻辱，然而钱财定取之有道，视之有度，用之有节。**君子富有了，就应多行仁德之事，资助乡邻、周济贫民。**自己的钱够花就行，没钱了大不了再去赚。

将所有事情处理完，钱财一股脑散尽后，范蠡即如之前来独山时一样，悄悄与私徒乘舟，东入太湖，再辗转江河，来到浙江入海口一处叫作“澉浦”的地方。

在这儿，他只想歇歇脚，造一座大船，并不打算长住下去。澉浦人善造船，大船、小船都造得好，尤其是所造海船很有名。范蠡要造的正是大海船。鉴于海船关键的构件是龙骨，他亲自出去，跑遍了整个澉浦，终于挑中了一根又粗又大的柚木，其他舭板、帮板、底板、舷板、甲板、封头、封艄、舷墙等所用木材，也都是由他亲自挑选，俱为上品。然后，范蠡请来几位最好的造船师傅，足足干了两个月，方才完工。到海上一试航，真挺不错，结结实实，又快又稳当。

随即，范蠡又让人买粮食以及船上所用物品，雇用船工，进行出海前的各项准备，又派人偷偷潜回会稽，将妻儿接来。一家老小连同私徒遂乘海船往齐国而去。

这是范蠡在离开独山前就计划好了的。看目前情形，他如果继续在越国待着，恐怕不行，危险性太大。若弃越西行入楚倒容易些，且楚国还是他的家乡，回去后有木落归本、叶落归根之意，然楚与越是亲戚，关系紧密，他若是回去，一旦被发现，则有可能会被执送回越，其危险性也不小。所以，不如干脆远走高飞，去往北面两千里外的齐国，看勾践怎么找得到。

范蠡过去曾多次使齐，对该国比较熟悉，知道从越到齐走哪条线路最佳，什么时候行船风顺，何处可以停靠。因此，此番浮海很顺利。海上风不大，浪不急，大海船行驶其上煞是平稳，一船人都感轻松、快乐。只是一想到这次是去避难而非闲游，老妻及三个儿子还是免不了忧虑。

“车到山前必有路，船到桥头自然直。我们去齐后，自有办法过活，而且说不定比以前更好呢。”范蠡安慰众人道。

“人生地不熟的，在哪儿落脚？怎么生存？哪有这么容易？”他那老妻心里总不踏实。

“人生地不熟才好呢。我们外出避难，就是要找人地两生、山遥水远之所在，方不为人所知，不被勾践找到。”

“那我们以后以什么为生？”孩子们亦有所疑问，好像不太相信他们的老父。

“到时再说，到时再说矣。我们有人、有力气，又有本钱，还能干不成事？”

范蠡捋了捋白胡子，笑着指了指身旁那个装有轻宝珠玉的鸱夷。

“去齐地后，我们还需更名换姓否？要不被齐人知道咱家就是越国范氏，您就是鼎鼎大名的范大将军，可怎么是好？”

“然也，然也，孩儿们说的是。”

“如此，您老准备今后姓甚名谁呢？”孩子们放松下来，开起了范蠡的玩笑。

“就叫……就叫鸱夷子皮。”范蠡忽又看到了那个鸱夷，心中一动。

“鸱夷子皮？好怪的名字。”

“对，鸱夷子皮，复姓鸱夷，名唤子皮。”范蠡喃喃道。孩子们怎知改称这个名字，他内心有多少情愫？五味杂陈、百感交集是也。当年西施负石投江，随水而逝，空留鸱夷；还有忠勇之士、一代俊杰伍子胥被杀，其身躯也被放在鸱夷中，趁波逐浪。如今他还活着，东躲西藏，了此余生，又何尝不是只剩下一副躯壳，徒留空空的皮囊？

叁

科学技术是第一生产力

技术就是财富，有两种人可以从技术中获利——掌握技术的人、善于应用技术的人。

范蠡一行人的船沿海岸航行了十余日，驶入淄河入海口，再上行约二十里，因担心船大吃水深会搁浅，遂到岸边停泊下来。此处也便成了他们在齐国的首个落脚点。

当时，这地方荒草丛生，渺无人烟。距离最近的是二十里外淄河河口的一个小渔村，再就是海边有一些煮盐的盐户，偶尔有放马、牧羊的过来一趟，淄河之上，几条小船上行下往。这在别人眼里，实在太过荒凉、偏僻了，但于他而言，却是绝佳之地。范蠡遂决定就地盖房造屋，在此长住下来。

人力现成，泥土、茅草这里有的是，范蠡派人去往小渔村寻些木料，再买些粮食。没想到该村有一大户，说昨日他们经过时看到他们所乘海船又大又好，当地从未见过，问能不能用一大批木料、粮食以及一条小船来换。众人既已入齐，大海船已是无用，闲着也是闲着，正想找机会处理掉呢，如此正合适。就这样，范蠡刚入齐地，便轻易做成了一笔买卖。

不过初来乍到，范蠡可不想谈甚生意、做何买卖，也不想学当地人打鱼或者煮盐，而是想先种地。一来他们一家老小和私徒本就很多，所雇用的十余个船工也大多表示不走，想再跟他干几年，这样加起来，他们一行就有五六十人了，光吃饭就是个大问题。虽说他的鸱夷里有不少存货，完全能买来柴米油盐，吃喝不愁，然他总觉着还是自种、自收、自吃更踏实些，自己动手，丰衣足食嘛。二来他们是外人，并且还是来此避难的外人，不好与当地人争食，引起纠纷，结成恩怨，何况无论打鱼还是煮盐，都要靠技术，不是那么容易学、容易干的。三来也是最主要的一点，此地有的是荒地，无主无户，开垦出来就是良田，打的粮食还不跟白捡的一样？

盖好房屋，安顿下来后，范蠡即乘小船，逆淄河而上，找集墟购买农具、耕牛及种子。比起南方的吴越，这齐国农工商业要先进不少，别说齐之始祖姜太公了，就说一百多年前的名相管仲，“修齐国政，连五家之兵，设轻重鱼盐之利，以赡贫穷，禄贤能”，使得“齐人皆说”，农、工也跟着有了很大发展。尤其是齐之农人所用耕具，以“恶金”亦即铁“铸锄夷斤斸，试诸壤土”，“耕者必有一耒一耜一铫”，在吴越则很少见到铁制耕具，更没有这么多的样式。农人有了这等好家什，种地可就省时省力多了。他们这些新来的“农人”，算是开了眼界，垦荒种地就更有信心了。

一行人沿着淄河，划定了一大片区域，割草烧荒，再用牛拉犁铧，深翻土地，用耙子将地平整，把土弄细，然后南北修阡，东西整陌，开挖沟渠，引来河水，一块块田地算是垦出来了。

依不同土质、地力，他们把黍、稷、麦、菽、粟等作物分种到不同地块。禾苗出来后，他们间苗、锄草、施肥。地涝了，他们挖出浅沟往外排水；天旱了，他们浇水灌溉。在吴越以及楚地，水倒是不缺，然汲水浇地方式却很落伍，除了用自然水流灌溉农田外，基本上还是“凿井抱瓮而灌”，的确“搰搰然用力甚多，而见功寡”焉。他们在齐地可是用上了桔槔——**“凿木为机，后重前轻，挈水若抽，数如泆汤，其名为槔”**。汲水又多又快，一天可灌百畦。他们用几个桔槔一齐汲水，所有田地几天即可浇完一遍。因此，他们的庄稼不缺水，“保湿安地而处”，又不缺肥，不荒苗，长势旺盛，“藁数节而茎坚”“穗大而坚均”焉。

到了秋天，“盲风至，鸿雁来，玄鸟归，群鸟养羞”，他们的各种庄稼都有好收成，盈车嘉穗，穰穰满家，不仅足够他们这一大家人吃的，还有不少余粮呢。

种地是力气活，这一大帮人从垦荒到庄稼春生夏长、秋收冬藏，总不得闲，非常辛苦。莫说那些私徒和船工，就是他们一家老小也都很能干。三子年少，尚无力气，长子、二子可是年富力壮，干得欢实。特别是长子，憨厚、质朴，吃苦耐劳，当算庄稼地里的一把好手。范蠡年迈，力气活干不动，却也还经常出现在田间地头。四十多年前，他在楚国老家种地，为了一辈子不锄地扶犁，才离乡别井，不远千里来到越国，没承想四十多年后又重新做起农人。然而，范蠡并不认为这是“轮回”，也没有多少感慨。以他处世之态度，以前在老家做农人也好，后来为官、为将也好，烧陶、养鱼也好，还是现在又种起庄稼也好，都是活着，时运然也。因此，他无论做什么都很坦然，走到哪一步都很淡然甚或怡然也。

第二年，他们又开垦了不少荒地，种的庄稼更多，打的粮食也更多。他们把粮食卖给海边的渔户、盐户，准确地说是“交换”——以物易物，用粮食换取鱼虾、盐，然后将这些东西贩卖出去。那些渔户、盐户之前通常是先外出卖掉自己的产品，换成钱，再去买回所需粮食，他们则直接送粮到家，又将他们所产运走、卖掉，既省事又快捷，还便宜，因而大受欢迎。不知不觉地，范蠡还是经起商，做起生意了。

肆 生意『经』

富无经业，货无常主。

这卖粮、卖鱼还有卖盐，一般来说利都很薄，要想赚大钱，就得多销。范蠡在自耕自种然后“易货”的基础上，逐步把生意做到远处，并不断扩大规模。“盛名”之下，他不便出头露面，便让儿子及私徒出去，从产粮多的平原地区进粮，从海边贩鱼、贩虾、贩盐，买贱卖贵，互通有无和多寡，钱便赚了不少。几年时间里，他们“鸱夷”家便从一个上无片瓦、下无立锥之地的“外来户”变成闻名当地的大户、“土豪”，昔日荒芜的淄河滩上猛地出现了片片良田，连阡累陌，有了鸡鸣狗吠，升起了袅袅炊烟，显出了一派生机勃勃的田园景象。

之后，听说越王勾践薨逝，范蠡再也不用担心被他抓、受其害了，遂大了胆子，在耕种田地的同时，又在临淄城里置办了店铺、货栈，亲自出马、坐镇，堂而皇之地做起了买卖。当然，为了避嫌，免得引起麻烦，他还是照旧以“鸱夷子皮”之名，未敢改回原名原姓。

临淄为齐国都城，有户四万，近二十万人口，应算当时海内第一大城。淄河之畔，偌大的一座城池，宫阙巍峨，里巷纵横交错，屋宇鳞次栉比，肆市林立，车毂击，人肩摩，虽不像晏子所称的那样“张袂成阴，挥汗成雨”，但一城男女熙熙攘攘，商贾、游人往来其间，确也不失热闹、繁华。在这等地方做买卖，想不赚钱都难。范蠡在这儿简直如鱼得水，左右逢源，买卖做得风生水起，所赚钱财又很快堆积如山，比在独山时还要多呢。

在临淄当地的传说中，范蠡一直被大肆渲染或者神化，说他如何会做买卖，怎么精于算计，甚至能点石成金，一夜暴富。其实，范蠡在临淄做买卖时，非常普通，仍是以贩卖粮食、鱼盐为主，兼顾一些别的生意，跟其他商家差不了多少。然做同样的买卖，他就能够赚钱，而且还大赚特赚，无非比别人更勤快、更用心罢了。**有道是“富无经业，则货无常主”，无论做何生意，定要勤谨，还安能“识人、接纳、安业、整顿、敏捷、讨账、用人、辩论、办货、知机、倡率、运数”，万不可“鄙陋、虚华、优柔、强辩、懒惰、固执、轻出、贪赊、争趣、薄育、昧时、痴赁”**。

这经商做生意，说简单也简单，说复杂也非常复杂，需要智慧和心机，善于揆时度势，通达权变，有时还需“投机取巧”，靠出奇制胜，中间道道儿多着呢。范蠡有次贩马，就很奇巧，颇为神妙。

齐国本地产马，品种优良，价钱不高。范蠡从南方来，知道吴越之地马匹短缺，价钱昂贵，若是贩运过去，肯定能发大财。可是，齐与吴越相距千里，“物流”不畅，运送马匹很困难。若走陆路，沿途要经过好几个诸侯国，不仅入境、出境麻烦，又有强盗出没，煞是凶险。走海路倒没这些问题，雇船、雇工费用却极大，成本太高，根本赚不了钱。怎么办呢？正在他冥思苦想的时候，忽然听得临淄城内有一富商最近要往越地贩运大批麻布，需要众多马匹以及大车。此人很有势力，神通广大，因常贩货南北，往来齐、越之间，早已用重金买通沿途强盗，打通了各国关口，于是畅行无阻，鲜有风险和障碍。

既有其人，又有其事，范蠡顿时有了主意，提起笔，写下一张榜文，让人挂在城门口，其意大抵是：

今有商人鸱夷子皮新组建了一支超大马队，开张之际，可免费帮人向吴越运送货物，只需付点儿马料费。

挂此新鲜的、有特色的榜文，赔本赚吆喝，范蠡显然是为了“钓鱼”，把那个有能力的麻布富商钓将出来。麻布富商也果然“上钩”，很快就亲自登门造访。在证实榜文所言非虚后，当即决定要雇用范蠡的“马队”去往越国。双方商定十日后起程。

范蠡赶紧吩咐属下分头出去购买马匹。不到十日，三百匹良马即购买回来，集中在了城东淄河滩上。那边，麻布富商也将货物备齐。三百匹马或被套上轭具，拉起了大车，或直接驮上麻布，往南而去。一路上，果然顺畅。半个月之后，进入越境，麻布全部送达。随即，范蠡将这三百匹良马悉数卖出，赚了个盆满钵溢。

此事流传至今，竟成了协同竞争、合作双赢之经典案例，备受推崇。只是这里面也不乏“商业头脑”，在“合作”的时候，范蠡还是用了“心计”，一度隐瞒了真相。

伍 秤的发明者

商人离不开秤，更离不开天地良心。准确地称量轻重，秤平斗满，是经商起码的准则。

老鸱夷子皮在临淄越来越出名了。特别是这次“贩马”之举，引起了强烈轰动，让同行们啧啧称奇，心悦诚服。不知不觉地，范蠡在商户中树立起威信，有了些声望和地位。

与此同时，范蠡也以讲信修睦、买卖公平赢得了好口碑。**这些年来，无论做什么生意，他都规规矩矩、公公道道，从不短斤少两。商人离不开秤，更离不开天地良心。**准确地称量轻重，秤平斗满，是经商起码的准则。为了称重时更加准确，他还动脑筋、费心思，专门对杆秤做了一番改进。

秤为衡器，由秤杆、秤砣、提绳等部分组成。其原理据说来自汲水的桔槔——杠杆平衡。在当时，杆秤是不错的称重工具，齐国普遍用之，然其形制不尽相同，几乎每个商贩手里拿的杆秤都不一样，有木杆的、竹竿的、骨杆的……木杆中又有柳木的、槐木的、桑木的、榆木的……五花八门，导致称重结果差别很大。就算是同一杆秤，因为秤杆龟裂、受潮、锈蚀、蒙尘，称重时也会出现误差。这些问题倒好解决，关键是秤杆上的刻度不准造成的误差更大，也更坑人，引起了不少纠纷。范蠡遂决定做一杆“公平秤”，不仅自己使用，也推介给其他商家，让大家也都更公平地做买卖。

经反复比较、筛选，他选中了一根长短、粗细合适的柞栎木，将其削直，打磨光滑，用作秤杆。秤砣、秤钩、提绳等部分也请人精心制作。接着，他在秤杆上穿好提绳，系好秤钩，挂上秤砣，开始确定“零刻度”，用以“定秤”。此为造秤之关键，须沉心静气，全神贯注；更重要的是心存良知，反复校验，直至准确无误，不差累黍。定完秤后，范蠡即以“零刻度”为基准，推断重量，细细校测、修正，依此标好“两”“斤”刻度，钉好“秤花”。一杆标准的秤终于做成了。

彼时一斤为十三两，此秤便叫作“十三两秤”。为侈人观听，加重“十三两秤”之神秘感，生其戒惧，增其敬畏，范蠡还故弄玄虚，有意过甚其词，言过其实，云此秤乃天赐神授，“十三两”的刻度由北斗七星和南斗六星组成。北斗主死，南斗主生。人在做，天在看，做买卖一定要足斤足两，不然的话，少一两会少活一年，少二两就少活两年。过了许多年后，一斤又被定为十六两，有人遂改“十三两秤”为“十六两秤”，在刻度上增加了福、禄、寿三星，说若是短斤少两会损阴德，少一两“损福”，少二两“伤禄”，少三两“折寿”。

这“十三两秤”制作确实考究、精密、标准，“亮相”后颇受注目。不仅范蠡自己用着顺手、称心，当一些商家和客户因称重发生争执时，还跑到他这儿借秤称量以作仲裁，“十三两秤”真就成为“公平秤”矣。之后便有不少商户来请范蠡帮忙，也想做这么一杆“十三两秤”。范蠡乐得他们有此需求，随即找来几位老实本分的匠人，专做“十三两秤”来卖。天下由此开始了制秤行业。

依靠“十三两秤”，范蠡基本上在周边同行中统一了“衡制”，规范了买卖，进而影响了整个临淄商市。同时，他还通过大规模籴粜粮食，“高进高出”，尽力“调控粮价”，以期使市面上其他物品的买卖价格都保持相对合理。因为那时候市面上最大宗的买卖就是粮食，其价钱不仅直接影响着粮食买卖本身，也对别的买卖产生影响，更会影响农人乃至整个国家。有道是“谷贱伤农”，粮价若是过高，会伤及民众；过低，会伤及农人。早年范蠡在越国时就有过测算：“籴石二十则伤农，九十则病末。农伤则草木不辟，末病则货不出。”意即每石粮若卖二十钱以下，太过便宜，农人就不愿种地或多打粮食；每石若卖九十钱以上，又太贵，商人无钱可赚，就不会做此生意了。“农不出则乏其食”“商不出则三宝绝”，是故他进谏越王且谏言被采纳，在全国范围内“平粜齐物”，规定“籴高不过八十，下不过三十”，终使“关市不乏”“农末俱利”矣。现在他就是一个普通商人，不想也无资格为君王建言献策，只有自己出钱，悄悄地进行“平粜”了。当市面上粮价低于每石二十钱时，范蠡即将粮食悉数籴入，然后以每石三十钱的价钱粜出；当粮价高于每石九十钱时，就以每石八十钱的低价抛售余粮，有时甚至就以每石九十钱的价钱籴入，再以每石八十钱粜出。如是循环往复数次，他自己赔了不少钱，却使整个市面上粮价维持在了每石三十钱到八十钱，其他物品的买卖价也跟着做出了相应调整，从而促使“农工商虞”四业共兴，本末协调，极有利于民众安乐、国家安定。从这个意义上说，范蠡当算名副其实的“义商”了。

当然，经商是为了赚钱、得利。如果总做赔本买卖，一味“平粜”甚或“低粜”，范蠡就是再怎么“义”和“信”，家里多么有钱，也吃不消。事实上，在几乎靠一己之力“平抑”了临淄粮价、优化了商市后，他的买卖做得更大，赚钱更多了。见范蠡做什么买卖都有钱赚，从未失过手，一些同行便紧紧盯着，他买什么、什么时候买，同行们也同样这么做；他何时卖出、售价多少，同行们也照此办理。一段时间里，范蠡简直成了商市的“风向标”。

陆

以一己之力 缓解灾情

论其有馀不足，则知贵贱。贵上极则反贱，贱下极则反贵。贵出如粪土，贱取如珠玉。

是年，齐国风调雨顺，五谷丰熟，为多年来最好的年景。不用说，市面上粮食特别多，价钱低得厉害。此时商户手中的粮食滞销，没有谁肯籴粮，增加负担。甚而一些商户见势不妙，赶紧将粮食抛售，转做别的生意。范蠡却反其道而行之，趁着粮多价贱之机，一批批籴入。并且，这次籴粮还与之前的“平粜”以及日常的“买贱卖贵”大有不同，只籴不粜，就是积存。临淄城内的铺子存满了，又在城外建了六个粮仓，也很快贮满。他遂在淄河下游的“老鸱夷”家里建仓，继续贮粮。

如此举动很反常，还有些“疯狂”。别说临淄城里的同行不理解，觉得范蠡这回太不靠谱，就连他的家人也疑惑不已，表示反对。他们不是不知范蠡对经商早已有独到之见，他曾说过，无论做什么买卖都须把握时机，“人弃我取，人取我予”“论其有馀不足，则知贵贱。贵上极则反贱，贱下极则反贵。贵出如粪土，贱取如珠玉”。现在市面上粮价确实是贱，如同便宜的珠玉一般，赶快购买没有错，问题是他购的东西也实在太多了，就算过些时日粮价抬升，将这么多的粮食卖出也难矣。这段时间范蠡所籴的粮食估计都够全临淄城二十万人吃好几个月了，到时还能指望着全城人都来买粮吗?

范蠡遂跟他们解释道:“一般而言，天下每六年一收，六年一旱，十二年即有一次大饥荒耳。我经过了解，齐地在五年前发生干旱，十一年前大饥，依此推算，明年会是馑年，我们所存的粮食可就成了奇货。”

天运若此，其岁在金，则穰；在水，则毁；在木，则饥；在火，则旱。就算明年为木，就一定发生大饥荒吗？家人对范蠡的判断还是有所怀疑。

“没有大饥荒，我们就认栽、认赔，反正粮食是好东西，糟践不了。”范蠡豪爽、旷达地说道。

照这么一说，明年是不是馑年，不仅关乎贮粮生意之赔赚，而且关乎范蠡之推算是否准确，名声会不会受影响。若单从个人的角度，他是希望明年有饥荒，以验证他的“预言”，生意大赚；但以齐国民众计，他还是希望明年天平地安、岁稔年丰，百姓都能吃上好饭，纵是自己因之赔本、名声受损，也在所不惜矣。

结果，不幸被范蠡言中了。头年整个冬天，齐地未飘一片雪花，已是不好的迹象。来年春天，一滴雨也不下，更显凶兆。田地干硬，农人撒下种子，却难见禾苗出土。到了夏日，依然不降雨水，河、井干涸，庄稼地里本就少得可怜的禾苗全都枯死。“旱既大甚，涤涤山川。旱魃为虐，如惔如焚。”秋日里，不需要雨时雨偏来了，且下得大，下得时日长，滂沱大雨连日连夜，直让“汤汤洪水方割，荡荡怀山襄陵，浩浩滔天”也。旱、雨如此交织，又如此凶猛，这一年齐地颗粒无收，肯定是大馑年了。

整个齐国陷入慌乱，骚动不安起来。农人种地，基本上是当年收、当年吃，少有余粮，即便能够做到“耕三余一”，积草囤粮，防备灾荒，终不过一年余粮四月，现在全年一点也没有收成，吃便成了问题，更不用说还要往外粜粮。市面上的粮食因此大为缩减，价钱越来越贵。城中市民只好出城挖野菜度日，不少人干脆外出逃荒去了。

眼看百姓挨饿，“大命近止，靡瞻靡顾”，齐之国君平公甚感焦虑，“忧心如熏”。他下令赶快打开太仓，赈济乏扂，以解燃眉之急；又令将太仓存粮粜出多半，以恢复商市供应，尽量拉低粮价。此等招数类似他所倡“平粜”之法，为齐国在非常时期采取的非常举措。然太仓存粮终归有限，又不能全部粜出，若从邻国购粮，一时半会儿又难以运送过来，再说价钱还不知有多贵呢。是故，临淄市面上粮食仍然短缺，价钱依旧居高不下，百姓还是饿肚子。齐平公焦虑之情怎得缓解？“鞫哉庶正，疚哉冢宰。趣马师氏，膳夫左右。靡人不周。”齐国上下无不想方设法，挖空心思，却仍不能救困扶危，解这倒悬之急。

正在这时，范蠡出手了。去年所存的、饱受人非议的粮食，现在真的让人眼馋得厉害，眼红得不行。打开临淄城内的铺子，白花花的粮食即是金灿灿的刀币、光滑滑的贝币，城外的六个粮仓则不啻是六座金山、银山，还有淄河下游“老鸱夷”家里的大量贮积呢！这下子，范蠡得发多大的财呀！然而，出乎所有人意料的是，他并没按高价粜粮，而是决定将贮积的粮食全部“平粜”，甚至比官署的抛售价还要低些。

消息一传出，立刻轰动全城。各家各户，男女老少，纷纷提着口袋，挎着筦子，挑着担子，来到范蠡的店铺，抢购这救命的粮食，没多会儿，即抢购一空。范蠡再去城外，直接打开粮仓售粮，两天时间，又将所有储粮卖完。他即着人去淄河下游家里，船拉车载，快快取粮过来，终于慢慢止住了抢购势头。市面上的粮食供应也因此变得不再吃紧，价钱也直降下来，齐国百姓方有粮可买、可吃，好歹渡过了难关。

这次“平粜”相当于“救市”，一定程度上还是救国救民——救了齐国及民众。范蠡自是赢得了广泛赞誉，颂声不绝于耳。齐平公闻之，也不禁连连点头，称赞不已。待他听说范蠡乃一白头发、白胡子老头，怎样仙风道骨，如何轩然霞举，认为境内出了大贤，就像昔年他之先祖姜太公突然出现在渭水河边一样，遂轻车简从，阴服微行，来市井寻访，一如文王“渭水访贤”的故事。

“鸱夷公智周万物，料事如神，大丰之年贮粮如此之多，只是不知公又为何没囤积居奇，待价而沽，任是不取这到手的钱财乎？”见面后，齐平公对范蠡非常客气，言辞甚为谦恭。

“义也。经商要讲究道矣。商人固是重利，然不能唯利是图、逐利忘义。”范蠡答道。

齐平公又问：“除了义，经商还有何道焉？”也不知是顺着范蠡的话说，还是突然对经商产生了兴趣，齐平公向范蠡问起了经商之道。

范蠡答：“于老夫而言，经商时仁、义、礼、智、信全讲，温、良、恭、俭、让不忘，又能秉持公平、公道，‘知斗则修备，时用则知物，二者形则万货之情可得而观已’‘积著之理，务完物，无息币’……诸如此类，都是商道也。”

“商道即人道，亦自有其天道。”

“对的。天道自然，人道使然，方成商道者也。”范蠡觉得齐平公说这话还挺有道理，彼此还挺谈得来，遂接着说：“商人行商坐贾，利己、利人、利国，非是可有可无，而是不可或缺。天下农工商虞，农而食之，虞而出之，工而成之，最后总得由商而通之。是故天下无商不行，国无商不富也。”

“国既有商，也离不开商，如何使商人更尽其用，使商更昌，利用厚生，使国家富强呢？”

“商与农工虞并重，不厚此薄彼，崇本抑末。国家要‘贵流通’‘尚平均’‘戒滞停’。其实对于商贾，主公先祖姜太公就做得够好了。在他初被封于营丘之时，地潟囟，人口稀，他便劝女红，极技巧，通鱼盐，终使齐冠带衣履天下，海岱之闲敛袂而朝。后来的管子也很不错，设轻重九府，通货积财，齐得以振兴，称霸诸侯。主公何不推而行之，继古开今者也？”

“鸱夷公所言，让孤茅塞顿开，豁然贯通。”齐平公按捺不住心中欣喜，立即做出决定：

“还请公出山，入为卿相，助孤经国体野，济世匡时！”

这也着实突然，即便范蠡见过世面，荣宠不惊，亦感觉有些意外：

“老夫说了什么让主公茅塞顿开？”

“适才公所讲经商之道，即字字珠玑、句句箴言也。”

“老夫所讲，纯属市井之语、姑妄之言，主公姑妄听之也就是了。再说，就算讲得还有些道理，也不过是些经商坐贾之事，对主公来说毫无一用，主公又不经商做买卖。”

“非也，道皆能行，理都相通。经商之道亦同样适用于治国。‘治大国，若烹小鲜，以道莅天下，其鬼不神。’连庖厨之理都能治国，经商之道则更能焉。”

“庖厨调和五味、掌控火候，中间学问大着呢，烹制一道美味小菜不容易。昔年伊尹以鼎烹说汤，甚有见地也。”

“经商也有其奥妙所在。那伊尹既被汤王举于庖厨之中，与接天下之政，治天下之民，现在孤也是举公于市井，授之于相印，二者同归而殊途，一致而百虑耳。”

“可商人远比厨子低贱。老夫这等商人本就为人所不齿，难进朝堂，若要执相印、领百官，岂不为天下讥笑？”

“孤之先朝名相管子还是个亡囚，并有贪分之毁呢。”

“然则老夫年事已高，鲐背苍耇，槁项没齿，耳聋眼花，怕也还是难以胜任。”

“老骥嘶风，老而弥坚。孤之先祖太公七十二岁遇文王，不也照样辅周灭商、建功立业吗？”

“老夫岂敢与太公相比？”

“哎呀，鸱夷公，您就别再推辞了。一个懂道德、有才智、重义轻利、信守不渝的人完全能够做个好卿相。孤思贤如渴，握沐吐飧，差不多有焚林之求了，公还是答应下来吧。”听范蠡一再推辞，齐平公有些急了。

看样子，当场推辞是不行了，范蠡只好先缓缓再说。“承蒙主公抬爱，老夫感于肺腑，感遇忘身，不过还是容老夫再细考虑吧。再者，就算老夫答应，家事还有商事也要处理一段时间。”

“需要多久？”

“怎么也得十天半个月吧。”

“那好。十日后，孤就派人来请，到时公要是还不想出山，孤就带着相印，亲自来授了。”

将齐平公送走，范蠡坐在那里一阵发怔，叹息道：“老夫在越为官时间还短吗，到老怎么还要入为齐相？居家则致千金，居官则至卿相，此布衣之极也。长久享受尊贵之名，不祥，不祥也。”

范蠡不仅从“天命”的角度认为出山、继续为官“不祥”，就是从齐国当前之政况来看，也不大妙。他已了解齐之国君固然还是姜氏，朝政却由田氏把持。齐平公为田常拥立，一直受其掣肘。田常曾狂妄地对齐平公说：“施行仁德乃人之所欲，君其行之；执行刑罚人之所恶，臣请行之。”这些年来，田常专权擅国，飞扬跋扈，齐之境内鲍、晏、监止等望族及公族中较强者皆遭诛杀，其人割安平以东至琅琊土地作为自己的封邑，倒比齐平公之所食还要大。现在若应齐平公所请入朝，还能为田常所容？说不定才刚到任即遭祸难。“祸兮福所倚，福兮祸所伏。”这哪是出去做官，分明是去送命呀！

如此，怎么办才好呢？撤！赶紧离开齐国，逃之夭夭。那些开垦的良田、积攒下的钱财怎么办？散！

这几年，随范蠡来的私徒和船工们俱已娶妻生子，各立门户，算是在齐国扎下了根，他就将田地和钱财分送给他们，海边的那些渔户、盐户亦多有馈遗，店铺、货栈则送给了相熟的同行。

然后，范蠡就携了那个鸱夷，与家人一起悄悄地走了，正如当年悄悄地来。鸱夷里的珠宝跟以前一样，不多不少。

柒 换个新身份——陶朱公

贪图暴利、追求暴利、一心只求暴利，是让大多数生意人迷失的毒草。

范蠡又更名换姓了，姓陶，名朱，时人即以“陶朱公”称呼起了他。

以“陶”为姓，并非范蠡好驰思遐想，心绪飞扬，赋予其多少寓意，蕴含了什么复杂情感，比如想起以前曾在太湖制陶，烧大缸，即有所触动，“引而申之，触类而长之”，遂姓了“陶”也，其实不过是“偷懒”、图省事儿——因这次落脚之处是陶地，当地人又多姓陶，范蠡就干脆以“陶”为姓了。

几天前，范蠡一家人离开齐国时走的是水路，从淄河入济水，溯流而上。济水在齐境北面，绵亘蜿蜒，东流入海，平常少有船行。选择这一偏僻线路，齐平公很难想得到。对范蠡来说，则省去了好多麻烦，又正好借此亲近一下这条著名的江河。要知道，济水可是“四渎”之一，有“三隐三现”之德，至清远浊，十分契合范蠡的性情。

范蠡一行走济水，入巨野泽，出南济水，即来至陶地。“陶”甚小，时归宋国，然在上古，却是盛极一时。武王封其弟振铎为曹伯，建曹国，都陶丘。传说陶丘有尧城，“尧尝居之”，开创了“尧天舜日”。他选此处作为避居之地，自不为追随先人，展什么宏图，创什么大业，而是看中了这儿的“区位优势”。其“扼菏、济之要，据淮、徐、宁、卫、燕、赵之脊”，为当时“天下之中”“诸侯四通”之处，若要在此地做买卖，实在太通畅、太便利了。

这天下之大，风俗各异，物产多有不同，山西饶材、旄、玉石，山东多鱼、盐、漆、丝，江南出姜、桂、丹沙、玳瑁，龙门、碣石北则多马、牛、羊、旃裘。陶地作为天下水陆交通中心，自古又有经商传统，便几乎汇集了天下所有物品，各地商人往来不绝。范蠡位列其中，既合情入理地“隐瞒”了自己的身份，又能重操旧业，再赚一把。是年，他已七十有四矣。人活七十，古稀之年，他却在这个年龄段“创业”。但范蠡制过陶，有经验，如今也在这“陶地”制陶；倒腾过粮食，“路子熟”，也在这儿倒腾，而且另辟蹊径，与时俱进，从最不起眼的买卖做起，贩卖起了山货。山货者，板栗、松子、榛子、柑橘、柿子、山楂、梨……不一而足，举凡山地出产，皆归此类。这些山货的产地也非集中于一处，东南西北诸山所在多有，只不过品种不一、品质不同罢了。

在当时，果木皆为野生，均无人工栽培，本地人进山即可采得，是故在当地不值一钱。当时商贩亦无专门贩卖山货的，基本上是“捎带脚”——在贩卖其他货物时，顺便捎些山货来卖。然而，“物多则贱，寡则贵，散则轻，聚则重”，山货从此地运到彼地，摆在了市井，便有人肯买，有时候有些东西还能卖上高价呢。

刚到陶地的那些日子里，范蠡有事没事总爱到城里市井、乡间集墟上逛逛，逛着逛着，就发现了这一“商机”。市面上山货无多，却挺受欢迎，若来了什么时令果品或是稀罕物，总有人围着，当然也不时有人掏出钱来，买将回去。

买的人中，有老有少，有士有民，有贵有贱，有富有贫，看来喜欢山货的不分尊贵，无论贫富，大有人在。如果专做这项买卖，从各地运来更多便宜的物品，一定会有更多的人来买，也一定会妥妥地赚钱。范蠡遂从鸱夷里取出钱财，在陶丘城内置下一处大大的山货行。然后，他按惯常识人、用人之原则，选了几位忠实、厚道、方正之人做伙计，让他们分赴四方，依时令收购山货，集中到陶丘城内的山货行里来。

然后，他再据货物品质进行分级，或“零售”，或“批发”给“二道贩子”。至于“货款”，则视山民之需而定。他们喜欢钱，就直接付钱；喜欢“以物易物”，就以物相交换，拿些葛布、麻布、粮食、盐换板栗、松子、柑橘之类。总之是投其所好，皆大欢喜。山货行当即从陶地始，逐渐扩散开来。一不留神，范蠡又得了项“第一”。

需要说明的是，范蠡做山货买卖，也跟过去做陶器、粮食买卖一样，秉持质高货真、薄利多销的理念，“与时逐而不责于人”。**为此，他还特地定下了“逐什一之利”之规：在购货时，价格尽可能比别的商家高一些，以求赢得卖家，购得好货；而不管卖什么货物，价钱有多低，一律取十分之一利润，绝不贪图暴利，以赢得买家。**长此以往，各方都对他信任有加，上好的货源不断，销路畅通，他的山货买卖便越做越大。日积月累，细水长流，所聚钱财还能不多乎？

在陶地，范蠡除了开山货行，买东卖西，“度远近，辨贵贱，调余缺”，还搞畜养，繁殖家畜，成了养殖大户。且凭此“治生之术”，范蠡获利更多，没过几年，家资又累巨万矣。

这畜养之事由来已久，非当时才有，更非范蠡之首创。天下动物，飞禽走兽之属，“家养谓之畜，野生谓之兽”。相传太昊伏羲氏教民驯养马、牛、羊、鸡、犬、豕六畜，以充庖厨，并做牺牲、享神祇之用。周王也令在季春之月，“乃合累牛腾马，游牝于牧，牺牲驹犊，举书其数”。五谷丰登，六畜兴旺，一直是平民百姓之美好祈愿。

拘泥于当地条件，以及个人精力，范蠡并没有六畜全养，只选了牛和猪两种，开始了养殖业。

“谁谓尔无牛？九十其犉。”“我任我辇，我车我牛。”“济济跄跄，絜尔牛羊，以往烝尝。”牛能耕田拉车，又为太牢之首，用于大祀，更是美味佳肴。因此，在六畜中，牛被奉为上品，价钱甚高，若卖出一头，所获就有好大一笔。然牛也不甚好养，即便喂得好好的，没病没灾，从小牛长成大牛也需要两年时间，一般人家没有这个耐心，何况还需要投入成本，成本不小。

正是基于这些原因，范蠡才决定大力养殖牛。别人没耐心，他有；别人不舍得投入成本，他投；别人想不到或者想到了却不去做的事情，他想，他做。

当地牛为黄牛，体大，力壮，品种优良。范蠡倒是无须去外地购买良种，只养本地牛即可，但也须好好挑选，爬罗剔抉，尤其这回选的是种牛以及专事生养的母牛，更要严挑细选，马虎不得。这就需要“相牛”了。

后世都云“千里马常有，而伯乐不常有”，极言相马乃至识人之重要，相牛亦同样有术也。作过《相牛经》的齐人甯戚，不就凭着“相牛”成了大夫嘛。为了选好几头种牛和母牛，范蠡请来当地有名的相牛师，好好学习了一番。“上看一张皮，下看四只蹄；前看龙关广，后看屁股齐。”“眼圆且大，眼白与瞳仁相通，脖长脚大股阔毛短者为佳。”“母牛毛白乳红则多子，乳疏而黑则无子。母牛一夜粪三堆，一年生一子；一夜只有一堆粪，三年生一子。”

依照《相牛经》和相牛师之指点，范蠡挑中了一头公牛并九头母牛，放在早已围好的陶丘城外、南济水边的牛圈里。

第二年，九头母牛相继产下小牛犊子，总共九头，牡七牝二也。过两年，小牛犊长成了大牛，范蠡便把其中的七头公牛卖掉，留下牝牛，继续繁殖。

再过一年，十一头母牛就可产下十一头小牛犊了。如此周而复始，生生不息，范蠡每年都能坐赢牛犊，卖出公牛，他家中的牛即满圈，钱源源不断。

再说养猪，也很顺遂。从挑选种猪和母猪，到生猪崽，再到卖公留母，这养猪发财之过程与养牛类似。不过，母猪可是一窝能下六崽以上，且一年两窝，繁殖力甚强。好在猪不用等到长大，即可卖出。

农人将小猪崽买回去，养好后，“言私其豵，献豜于公”，自家还能攒点粪肥，用之于庄稼地里，此所谓“养猪积肥”是也。

大户人家或直接购买成猪，或买来猪崽圈养，或“执豕于牢，酌之用匏”，直接杀掉吃肉了。若是猪出栏量太大，一时卖不出去，杀猪卖肉亦卖不及，范蠡还搞起了“深加工”，将猪肉制成“醓醢”（肉酱）来卖，“醓醢以荐，或燔或炙”。

对于这畜养，虽是范蠡的主意，做起来也颇用心，但具体事主要还是他大儿子干的。他家老大一向勤快，肯下气力，无论以前在齐垦荒种地、临淄城里做买卖，还是之后来陶地开山货行，他都肯干而又勤干，“黾勉从事，不敢告劳”。现在养了猪、牛，他似乎更加能干、更不惜力了。

牛爱吃嫩草，猪爱吃鲜菜，大儿子便每天出去割草、挖野菜回来。“于以采蘋？南涧之滨；于以采藻？于彼行潦。”特别是当他听说牛、猪都爱吃田字草和水藻后，他不惜远远跑至荷水之滨，或是南济水边，蹚进水里采将起来。此等粗活本由下人们来干，他却抢先，且乐此不疲。

后世传范蠡说过这么一句话：“子欲速富，当畜五牸。”这话究竟说没说过，是不是原话，并不能确定，但可以肯定的是，这畜养生意若非范蠡父子用心，躬体力行，苦心经营，是成不了的。

做事再怎么有条件，有何好时运，如果不用心，不用力，偷懒耍滑，也肯定不行。

捌

该花不花，惹下大祸

赚钱是本事，但是怎么花钱却是大智慧。该花时不花，就要引来灾祸；不该花时花了，就要滋生事端。

不知不觉，五年过去。

五年来，范蠡生意兴隆，财源茂盛，日子过得安安静静，再也无人搅扰，更无人加害了。看来陶地是个好地方，不出意外的话，他即在此终老，了此一生。“陶朱公”之名，亦会被长久地叫下去。只是有件事情，给他带来了不小的伤痛：他家老二死了。搭救了多时，最后也没有成功救活他。

范蠡的三个儿子年龄差异甚大。其中长子已届五十，二子三十有七，少子还未到弱冠之年。自从越国浮海入齐，范蠡一家人就一直待在一起，老少同堂，其乐融融。来陶地后，范蠡觉得一家人都行商坐贾，总不大好，三个儿子若在同一个地方，也有失妥当，遂将老二送往楚国，想让他在那儿闯荡闯荡，看能不能闯出个名堂来。在那儿，他明里暗里有不少好友、故交，特别是庄生，多年来彼此之间一直未中断联系。

谁知这小子去了没多长时间就闯了祸，在与人争执时失手杀了人，被囚禁在楚都郢之大牢。范蠡听说后自是痛心、惦念，曰：“杀人偿命，欠债还钱，此为常理也。然他闻家有千金，子不死于闹市之中。老二或可有救。”乃让少子前往楚国，探望他二哥，设法将其解救出来。

范蠡本就爽迈、大方，不心疼钱，如今为了救儿子，更肯舍得花。在少子临行前，他准备了黄金千镒，装在几个褐色器具中，用一辆牛车载运，心想用这一大车黄金救儿一命，应该差不多，倘若不够，再装一车过去也就是了。

此安排原本不错，让老三去，范蠡很放心，然在成行时，却遭到了老大的阻拦。

“这么大的事，为甚不让我去，而让少弟去呢？”他不仅表示不解，看那样子，还挺生气。

范蠡说："家中离不开你，又是山货买卖，又是喂牛、喂猪的，老三怎么能行呢？"

"您这是托词。"老大激动地说道："家有长子曰家督，现在二弟犯了罪，大人不遣长子，却遣少弟，想是我不肖、做事不行之故。"

"非也，非也，不是你不肖，也非你不行，真的是家中离不开你。"

"既是这样，我一定要去。"老大很执拗，"固请欲行"，还说如果不答应他，他就要自杀。老妻一听着了急，替他言道：

"今遣老三前去楚国，未必一定能救得了老二，却先空亡老大，这可如何是好呢？"

事已至此，范蠡还能说什么呢？迫不得已，只好改让老大去楚了。他做这事实在令人担心。为稳妥起见，范蠡修书一封，要他交给老友庄生，并嘱咐他道：

"等到楚后，一定要先把千镒之金送至庄生家，一切听其所为，万不可跟他发生任何争执，更不可自行其是，盲目行动。"

老大答应下来。走时，除带了那一车黄金外，他自已又偷偷弄了数百金带上。

他到楚都郢后，倒是听范蠡所言，找到了庄生家。那庄生多年来一直为楚之大夫，耆德硕老，向来简朴，安贫乐道，其家在郢之外城，穿过荒街僻巷，拨开杂草才能找到家门。老大一看，心就凉了半截，但他还是说明来意，将书信交于庄生，并送上千镒之金。庄生也不客气，说：

“汝现在可疾去矣，勿要在郢停留！等汝弟释放之后，也勿问原因也。”

老大疑惑地走了。把弟弟的命托给这么一个人，他怎可放心？心想送他的那一车黄金定打水漂，“殊无短长”矣。乃私留城内，以其私赍的数百镒金贿赂楚之达官贵人，觉得这帮“用事者”才真正管用。

然他哪里知道，那庄生虽居穷阎，却以公正廉直闻名于楚，自楚王以下无不尊他为师，楚王本人亦对他非常尊重。此前他接受范蠡所进黄金，非是有意受之，据为已有，而是“欲以成事后复归之以为信耳”——想以此为证，表明自己已接手此事，事成之后再归还，以表明自己是讲信用之人也。是故，待老大离开他家，他即谓其夫人曰：

“此为陶朱公之金，日后须如数归还，但究竟哪一天还回去却不得而知，如我也不知道哪一天生病，不能预先告知别人一样，你可千万不要动用也。”

过了没几日，庄生即找机会入见楚王，说他夜观天象，见某星宿移至某处，凶，将有害于楚矣。时楚王仍为惠王章，素信庄生，闻此言，即着急地问道：

“如此，为之奈何？”

庄生曰：“独以行些仁德之事方可除之。”

楚惠王曰：“您不用多说了，寡人照办就是。”乃立遣使者封三钱之府（贮藏黄金、白银、赤铜的府库）。

知此消息，受过老大贿赂的楚之贵人遂告诉他：

“大王欲大赦天下。”

“何以见得呢？”老大不解。

贵人曰：“每当我王大赦时，常封贮藏三钱的仓库，昨晚大王已遣使者封之矣。”

既然楚王要大赦天下，老大就认为弟弟自会被释放出来，那千镒之金虚弃庄生，根本没起作用，于是又去见庄生。庄生惊问：“汝还未走也？”

老大说：“没有，当初我为弟弟一事来，自是要等他被释后才走，现楚王欲行大赦，我弟当会释放，故今天我特意前来向您告辞。”

庄生知道老大的意思是想拿回黄金，曰：“你自己入室去取吧。”老大即自入室，取金而去。一千镒金，原封未动，不多不少。他暗自庆幸。

这让庄生甚为气恼，又听郢都都传他受人之托，收受贿赂，并且数额巨大，更是来气。他马上进宫，入见楚惠王，曰：

“臣此前所言星宿之事，大王欲以修德报之，可现在外面到处都说陶地富翁朱公之子杀人后被楚囚禁，按罪当死，其家多持金钱贿赂大王左右。所以大王非是因恤楚国而赦，而是因朱公子故也。”

楚惠王大怒，曰：“寡人虽不德耳，又怎会以朱公之子故而施惠，大赦天下乎！”

遂命先杀掉老二，第二日才颁下大赦令耳。

在楚国折腾了数日，费了不少劲，老大带回的却是弟弟的尸首。一家人尽皆哀痛，涕泗交颐。范蠡心里当然难过，却对此早有所料，说：

“我固知老大一定救不了弟弟！他并非不爱其弟，只是他这人有所不能忍者，放不下钱财。他自小就与我在一起，经受过各种困顿和艰辛，知道为生之难，自己也颇能干，不辞辛劳，故把钱财看得很重，不敢随便花钱。老三呢，生而见我富，吃得好，穿得好，一直过着富足日子，根本不知钱财从何而来，所以把钱财看得极轻，弃之毫不吝惜。起先我打算让老三入楚，就是因为他舍得弃财，老大却做不到也。现在事情是这个结果，合乎事理，无足悲者。若不让老大去，老大自死；让老大去，则老二死。两兄弟必有一死，天命若此，难以改变也。”

由此来看，老二并非死于楚人，而是死于其兄之手。时人以及后人应从中吸取教训，**心胸一定要宽，格局一定要大，钱财当赚则赚，当舍则舍，**万不可如老大一般，以狭隘之心度别人，过分贪恋钱财。

玖

『隐退人间』

夫月满则亏，物盛则衰，天地之常也。知进而不知退，久乘富贵，祸积为祟。

范蠡儿子死了。两年后，他那老妻也死了。他自己的寿限已到，也快要死了。

自楚入越，委身于吴，行走太湖，又浮海入齐，终老陶地，耕田种地、做官、为奴、打仗、制陶、经商、畜养……范蠡这一辈子，起起伏伏，跌跌宕宕，经历是复杂了些，但总体不错，自我感觉良好。

都云“金无足赤，人无完人”“水至清则无鱼，人至察则无徒”，月有隐也有现，有圆也有缺。若要说范蠡此生有什么不足或遗憾，文种之死大约算是其一。当年，他们两人一起入越，共同在勾践殿下为臣，关系一向亲近，友于甚笃。在他俩都遭勾践猜疑之时，他却只身而去，只给文种留下一封书信，说些“鸟尽弓藏，兔死狗烹”的道理。

范蠡快要死了。对于后事，他交代无多，只是嘱咐子孙务必安居乐业，好生为人，处世有进有退，行事张弛有度，适可而止，不管今后贫贱富贵也。

这些年在陶地，范蠡又积攒下了巨额家产，若要将其全部留给子孙，没甚好处，说不定后世子孙反受其害耳。他遂又散财，除给子孙留下一小部分外，其余散给贫交故旧。如是，他在无意中凑成了“三聚三散”之数。

据后世考证，范蠡享年八十八岁。又据说，他的墓有好几座。在他死后，身边有一个鸱夷，里面空空如也。

拾

藏在『故纸堆』里的财神

千载留名，或许是范蠡一生中获得的最大财富。

范蠡生前既执掌过至高权力，又拥有过无尽财富，人生可以用“完满”形容。但恐怕他自己也想不到，他去世后竟然成为民间推崇的财神，直接位列仙班了。而他经商之时曾经使用过的一个化名——陶朱，则逐渐替代他之真名实姓，成为财富的象征，也为后来他财神神格的确立奠定了基础。

宋朝人许尚在《华亭百咏·陆瑁养鱼池》中说：“谁得陶朱术，修池一水宽。皇恩浃鱼鳖，不复敢垂竿。”**陆游在《戏作治生绝句》中说：“治生何用学陶朱，少许能悭便有余。措酒已停晨服药，省油仍废夜观书。”可见宋朝文人已经将范蠡视为财富的代言人。**

到元明时期，范蠡更是从文人笔下进入民间，家喻户晓。在民间传说和戏曲中，范蠡多与西施相关，演绎出不少传奇故事。明中后期到清代，民间商业日益繁荣，在明清小说中，出现了大量描绘商业活动的场景，《金瓶梅》《醒世姻缘传》等书都浸染着浓厚的商业气息，许多篇章更是将商人作为主角来描写，里面就有提及“陶朱公”的。是时，范蠡已成商人的楷模和偶像，其作为治国良臣和兵家奇才的形象渐渐隐去，取而代之的则是智取财货，三致千金却又不为金钱所累的形象，当然还有与美人隐逸五湖的传奇。

与此同时，民间开始奉陶朱公范蠡为财神，且还是正财神，各地财神庙里多有供奉。江浙一带的民间商会则称其为“商祖”，每年挂像祭祀。绍兴民间于农历五月十一举行庙会，祭祀范蠡大夫。苏州桃花坞、天津杨柳青、潍坊杨家埠、开封朱仙镇的木版年画中，也都有财神陶朱公形象。

传说陶朱公泛舟五湖，曾在江苏宜兴制陶、造缸，宜兴等地便奉其为陶业鼻祖、造缸先师。旧时每年九月初九，宜兴的陶业工人有集合纪念陶朱公的礼俗。江西景德镇等地则奉之为窑神。在豫北地区，人们说陶工是从山东定陶迁移来的。这一带的陶工都敬范蠡为祖师爷，陶工坊里有他的塑像，每年三月十五和十月十五都要奉祭，大家还要一起聚餐，称作“散福”。在豫东，传说陶朱公死后化为蝙蝠，蝙蝠飞到哪儿，就为哪儿带来富贵，哪儿就有福，当地人遂把蝙蝠视为吉祥物。

在山东，传说范蠡每到一地都会教人如何做生意，给他们出本钱，并告诉他们“钱能生一，一能生十，十能生百，无穷无尽”的道理，这就是生意的来历。山东还流传陶朱公通过桔槔汲水受到启发，发明了“秤”。

广东潮汕人多信奉财神范蠡，商家在每年六月二十四素有拜财神的俗例。他们称老板为头家，也有人称其为陶家，这显然与陶朱公有关。

民间还有陶朱公烧制聚宝盆的传说。言陶朱公退出商界后，感悟人间正道，晚年大彻大悟，将全部的心血与感悟凝烧于一方至宝之中，取名“聚宝盆”。在聚宝盆烧制成功的次日，陶朱公最后一次散尽家财而升仙，从那以后天下就有了财神。民间还有童谣：“琉璃窗、朱漆门，堂上供着大财神；大财神，出凡尘，三聚三散越王臣；越王臣，富贵身，手里捧个聚宝盆；聚宝盆，天下闻，财源滚滚满乾坤……”

儒商鼻祖

子贡

——内儒外商，为富当仁

谁说君子就得安贫乐道？
安身立命才是为人之本。

壹 商贾之道与君子之道

赋予产品特殊的意义，它将身价倍增。

春秋时期，卫国有一家族，复姓端木。端木氏源于黄帝，相传其先祖是黄帝的后裔鬻熊。鬻熊曾担任过周文王的火师，祖居于河南大梁的酸枣门。

鬻熊有两个儿子，长子名叫熊丽，次子名叫端木。端木又生了典，典以父亲的名字为姓，即端木典，这就是"端木"这一姓氏的起源。

端木典与后世子孙均为周朝大夫，一直到西周末年，当时端木家的后裔端木舒跟随周平王东迁，又过了几代，其后人端木广单接受卫国的邀请，被聘为客卿，自此之后，端木家族便移居到了卫国。

端木巨是端木广单的孙子，端木家发展到他这一代时，已经在卫国站稳了脚跟。他自身在卫国领有官职，家中又经营着许多买卖，可以说既不缺钱，也不缺势。虽然是在富贵的环境里长大的，但端木巨和其他权贵不同，从来不会仗着优越的家势去欺压百姓，他传承了端木家族谦恭仁慈的家风，为人和善低调，深得国君卫灵公的器重，在百姓中也享有非常好的口碑。

端木巨的妻子蘧氏出身名门，是卫国上大夫、四朝元老蘧伯玉的女儿，性情温柔，善良贤惠，和端木巨感情很好。蘧伯玉为人贤达，名望很高，虽然是卫国人，但在各诸侯国中都有着非常高的声望，很多有名的大人物都与他交好，其中就包括远在鲁国的孔子，他与蘧伯玉交往颇深，是非常要好的朋友。

子贡就是在这样一个家庭出生的，优渥的家境，恩爱的父母，良好的家风，这些都对他未来的人格形成有着深远影响。

据说蘧氏在怀子贡的时候，曾做过一个梦，梦中出现一位神灵，将一枚宝玉赐给蘧氏。梦醒之后，蘧氏心有所感，将此事告知家人，因此，子贡在降生之后，便得名为“赐”，端木赐——有“上天赐予”的意思。

因为出身仕宦之家，既是官二代，又是富二代，子贡从小接触的，不是有知识有文化的读书人，就是有品位讲礼节的达官贵人。等到年纪渐长，子贡开始接触家族生意，四处行走经商，接触了形形色色的人，此时，子贡才发现，原来这天底下的人，并非全都一个样子。子贡意识到，人品原来是分等级的，有诚信良善之人，也有满口谎言之辈；有品性高洁的君子，也少不了心思狡诈的小人。

有趣的是，虽然子贡一直在行经商之事，但他却发现，自己最看不上、最讨厌的，恰恰就是商人。和子贡打交道的那些商人，展现出的大多是一副唯利是图的嘴脸，张口闭口都在谈钱，为了钱财可以摒弃一切高尚的品格，行一切无良之事。

天生的聪慧让子贡深谙人情世故，他仿佛天生就具备经商的天赋，懂得如何创造财富，如何与人周旋。他可以在酒桌上和所有人称兄道弟，也可以无师自通地以钱生钱，把生意越做越大。

或许是出于对自己能力的自信，也或许是内心有着某种说不清的坚持，虽然有着强大的背景，但子贡在经商方面，却从来不曾依靠家族的帮衬，而是一直按部就班，靠自己的努力和精准的投资眼光，从一个初出茅庐的小商贾，很快成了名动一时的大富商。但即便如此，子贡的内心却仍旧没有感受到任何成功的满足，反而对未来感到越发迷惘，他不知道自己是否应该继续和这些自己压根儿看不上的商人交往，自己未来的道路又该走向何方。

在对未来感到最迷惘的时候，子贡在外祖父蘧伯玉家中遇到了孔子。当时，孔子正因为在鲁国执政期间开展“堕三都”行动失败，而不得不中断仕途，带着弟子们踏上周游列国的道路，重新寻求实现政治理想的机会。

卫国是孔子离开鲁国后选择的“第一站”，一方面是因为从地理位置上来说，卫国与鲁国接壤；另一方面则是因为孔子的大弟子子路的妻兄正在卫国做官。而既然到了卫国，孔子自然要拜访一下老朋友蘧伯玉，蘧伯玉当然也十分关心孔子，热情地邀请他上门做客。就这样，在命运的推动之下，子贡与他未来的老师孔子相遇了。

初见孔子时，子贡并没有将眼前这个小老头放在眼里，相反，见惯了许多沽名钓誉的人，年轻气盛的子贡对孔子的态度是带着怀疑和审视的。

为了试探眼前的小老头，子贡故意拿出一块玉璧，对孔子说道：“先生请看，这是我在吴地的时候，重金收购来的一块玉璧，就这么小小的一块，却是价值百金，是不是太贵了呢？”

孔子接过玉璧认真观赏，然后说道：“鉴赏玉璧，我是外行，并不了解它的市场价值。但我听闻，古时人们在春季、秋季时都会举行祭祀神明的祭礼，祭礼上所使用的便是这种玉璧。如果从这个意义上来看的话，这块玉璧便是无价的。”

子贡又问：“人们往往对玉看得贵重，却对诸如珉这样的美石看得轻贱，难道是因为珉比较多，而玉却比较稀有吗？”

孔子答道：“君子看重玉，是认为玉有‘德’。”

听到这个回答，子贡有些惊讶，不由得两眼放光地看向孔子，态度郑重地向孔子行了礼，道:“愿闻其详！”

孔子微微一笑，徐徐道来:“往昔，君子用美玉来比喻自身的德行。玉石温润有光彩，就如君子的仁德之心一般；玉石质地坚硬、纹理细密，就如同君子心思细腻、思维缜密、处事周全；若是将玉石摔碎，即便有棱角，也不会尖锐伤人，这就好比君子之义，正直刚毅，也不失仁爱；美玉垂挂，象征君子的恭谨谦虚，进退有度；敲击美玉时，声音清脆激昂，停下便戛然而止，如同音乐一般；纵然美玉有瑕，也不会夺去它的光彩，但同样，其瑕疵也仍旧清晰可见，如同君子的忠诚正直，不偏不倚，不加掩饰；此外，美玉的光泽，无论从任何一个角度都能看到，这就好比君子的诚信，表里如一，不欺不瞒；美玉晶莹剔透，如长虹贯日，这是与天道相呼应；玉的精神体现于山川之中，就如同君子的品德风度，能够包容万物，利于一方。就如《诗经》中说的‘言念君子，温其如玉’，君子的作风与品性，就如同温润的美玉一般。故而，君子以玉为贵，并非因为其稀缺，而是为它所显示出的高洁品性而折服，为仁人君子的德风而折服啊！”

孔子的话让子贡当场怔愣，这是他第一次听到这样的说法，内心震撼不已。也正是这番话，让他意识到了自己与孔子之间的差距。对于品鉴玉石之道，子贡自认是行家，无论什么类型的玉，放在手中一摸一看，他便能将价值估量得八九不离十，眼光十分精准，他也一直引以为傲。**但直到今日，子贡才发现，自己看玉，看到的是产地、质地、纹理、价值，这一切都只是玉的外在价值，而孔子看到的，却是玉的内在价值，玉的灵魂，玉的品性。**正如今日，他询问孔子的，是商贾之道，而孔子回答他的，则是君子之道。

这一刻，子贡仿佛终于拨开眼前的云雾，打破对未来的迷惘，豁然开朗。

贰

求学问道那些年

信誉是金，人无信不立。

与孔子的相遇让子贡对未来有了新的期许，他隐约感觉到眼前的迷雾正在散开，未来的道路逐渐变得清晰起来。

他无比兴奋地将自己的想法告诉外祖父蘧伯玉，蘧伯玉本就对孔子这位老朋友十分欣赏，如今见外孙这般推崇老友，便从中牵线，让子贡拜入孔子门下，追随在他身边学习。

孔子是个非常博学的人，他在教学时，主要有四门主干课程，即德行、政事、言语、文学。与其他学生相比，子贡在才学方面不算突出，但他善于雄辩，又有经济头脑，办事通达，情商高。考虑过后，子贡选择了“言语”这门课程，来作为自己主要学习的方向。所谓言语，其实就类似我们今天的口才辩论、外交等方面的课程。

拜入孔子门下后，子贡便开始利用自己天生的亲和力和强大的沟通技巧，与老师以及各有所长的师兄弟们展开切磋，一时之间竟如鱼得水，好不快活。在这个过程中，子贡的思想也在不断地发展和变化。

有一次，子贡问孔子说：“有这么一个人，乡里的人都很喜欢他，您觉得这人怎么样？”

孔子摇摇头说：“未必就好。”

子贡又问：“那如果这个人，乡里的人都不喜欢他，憎恶他呢？”

孔子依然摇头：“未必就不好。”

见子贡面露困惑之色，孔子继续说道：“最好是乡里的好人都喜欢他，而乡里的恶人都憎恶他，这样的人便是真正好的人了。”

子贡思索良久，这才恍然大悟。世上之人，皆无完人，有长处，必定也会有短处，加之每个人都有各自的爱憎和偏好，就算是像伊尹和周公那样的圣人，也定然会有人不喜欢。所以，要是靠征求众人的意见去判断一个人的好坏的话，是非常容易出现偏颇的。如果你听取的是君子的意见，那么自然可以废止小人的邪道；但若是你听取的是小人的想法，那么君子的正道就会消亡。因此，想要探明真实的情况，关键在于慎重地听取各方的想法和意见。

作为一个商人，子贡常常在诸国之间往来。那时候，鲁国有这样一条律法：鲁国人若是在其他国家看到自己国家的人被买卖，只要愿意掏钱将人赎出来，回到自己的国家之后，国君会对其发放奖励。于是，趁着在诸国之间往来行走的机会，子贡买下了不少被贩卖的鲁国人，并将他们都送回了国。

子贡认为，自己做的事情，不过是出于本心，而且自己非常有钱，没必要再接受国家的奖励，这也是为国家减少负担嘛！因此，他拒绝了国君给予的奖励。没想到的是，当孔子知道这件事后，不仅没有夸奖子贡，反而严厉地斥责了他。

孔子说道："世上很多的事情，到最后都逃不开义和利这两个字。鲁国制定这样的律法，是希望大家能够做到心中有义，只要看到自己的同胞遭遇苦难，都能伸手去拉一把，完成一件好事。事后，国君给予奖励，弥补了在做好事过程中人们可能产生的经济损失。这样一来，人们做好事又不用遭受不必要的损失，愿意做好事的人自然就会越来越多。"

说到这里，子贡总算明白了，自己拒绝奖励，看似是高风亮节，但实际上，只会让很多人对做这件事望而却步。有了自己"高风亮节"的拒绝，以后再有人因为做了好事而接受国君的感激和奖励，便可能受到人们的指责和唾骂。这样一来，很多人就可能会因为不想承担经济损失而选择视而不见，毕竟他们可不都像子贡这么有钱又这么慷慨。而只要多一个人犹豫和退缩，就意味着又有很多被贩卖的鲁国人失去了回归家乡的机会。

越是跟随在孔子身边学习，子贡就越是发现，这位老师的学问是如此广博，思想是如此高深，他犹如灯塔一般，矗立在迷雾之中，只要有他在，子贡未来的路就不会迷茫和无措。甚至连经商方面的事情，子贡也从孔子身上得到过不少启发。

子贡曾问过孔子这样一个问题："一个国家想要变得强大，需要具备哪些条件？"

孔子说："要有粮食，有强大的军队，还要有诚信。"

子贡又问："那如果要去掉一样，可以去掉什么？"

孔子说："去掉军队吧，有军队就意味着有战争。"

子贡又问："那如果还要再去掉一个呢？"

孔子说："去掉粮食吧。"

子贡感到疑惑不解，问道："去掉军队，敌人来袭，便无法反抗；去掉粮食，百姓就只能挨饿。这两样都没了，国家还如何存在呢？"

孔子答道：**"人固有一死，无论是被杀死还是被饿死，都没什么大不了的。但如果一个人连诚信都没有，说话不算话，那他便没有资格称之为人了。"**

这番话在子贡心中扎了根，他回想自己一路走来的艰辛与成功，意识到诚信经营正是自己屹立不倒、取得成功的关键之一。因为从不搞伪劣产品、短斤缺两，也不屑于和自己看不上的那些奸商同流合污，所以才能赢得顾客的信任和支持，让自己的生意越做越大，也让自己的名声越来越响。

这一刻，子贡终于明白，自己看不上的，不是商人，也不是经商，而是那些缺乏诚信、唯利是图的人，他们丢弃了立身处世的根本，丢弃了最宝贵的诚信，犹如野兽一般，甚至不配称为人。

叁 改变五国局势的生意人

满足对方的欲求，以利他来达成利己，必将无往而不利。

田常本名田恒，因其家族出自陈国，故而也称陈恒，汉朝时为汉文帝刘恒避讳，所以改称“田常”。

田常是齐国田氏家族的第八任首领，在承袭其父之位后，便生出了想要干掉齐简公取而代之的想法。但他又忌惮高、国、鲍、晏等贵族的势力，便想出了一个法子——发动对外战争以消耗对方的实力。

于是，田常便去怂恿齐简公说：“鲁国与齐国相邻，之前还帮助吴国一起来攻打我们，实在太过分了，如果不狠狠给鲁国一个教训，将来恐怕还会闹出什么幺蛾子。”

齐简公本就是个傀儡国君，手里没什么实权，田常跟他说这些，也就是走个过场，根本不在乎他究竟是怎么想的。因此，第二年，田常就直接以国君的名义，下达了攻打鲁国的命令。

鲁哀公收到消息后，吓得六神无主，赶紧派人去寻孔子，想从他那寻个主意。虽然此前孔子在鲁国的经历着实算不上美好，但不管怎么说，那是自己的故土，总不能撒手不管。而且，就当时鲁国的现状来说，要钱没钱，要武力没武力，根本就是任凭齐国“碾压”。

孔子很快把弟子们都召集起来，说明情况之后，便问道：“你们谁有办法阻止这场战争？”

率先站出来自荐的，是一个年轻的弟子，名叫子张。见子张一脸义愤填膺的样子，孔子问：“你打算如何做呢？”

子张高声回答：“大不了豁出性命，和他们拼了！”

孔子摇头失笑：“你一条命，如何能阻挡兵车千乘？不过是白白送死罢了。”

又一个叫子石的弟子也站了出来自荐，孔子同样询问他有什么办法，子石自信满满地答道："齐国国政实际上掌握在那田恒(常)手中，我愿冒死去求见他，然后将其当面击杀！"

孔子依然摇头失笑："田恒（常）死了，田氏一族却仍在，难道你想凭一已之力灭了田氏？更何况，除了田氏之外，齐国还有其他贵族，他们就不会挑起事端吗？"

眼见众人都不说话了，子贡这才站起身，说道："老师，不如让我去试试吧！"

这一次，孔子什么都没问，便欣然应允了。事实上，从一开始，子贡就是孔子心目中最理想的人选，他相信，子贡的确具备这样的能力去扭转局势，为鲁国博得一线生机。

子贡先去求见了田常，对他说："我有一笔大生意想要和相国您谈一谈。"

田常非常惊讶，问道："你有什么生意和我谈？"

子贡道："我知道，相国攻打鲁国，真正的目的并不在于鲁国。鲁国城墙矮小，国君昏聩，大臣无能，将士也缺乏战斗力。您派人攻打这样的国家，不是在给对方送功劳，帮助其增加威望吗？"

一听这话，田常就反应过来了，觉得子贡说得非常有道理，赶紧请他上座，问道："那先生可有什么指教？"

子贡高深莫测地说道："忧在外者攻其弱，忧在内者攻其强。"这意思就是说，要解决国外的忧患，就要选择弱小的对手，这样可以增加军队的士气和民众的信心；要解决国内的忧患，则应选择强大的对手，这样才能消耗内部势力，趁机打垮竞争对手。

见田常一脸若有所思的样子，子贡趁热打铁，说道："鲁国这样不堪一击的对手，是无法助相国达成所愿的。相国应该攻打的，是强大的吴国。与吴国作战，即使竭尽全力，他们也未必能全身而退。到时候，对方势力被削弱，自然无法与相国抗衡，一切不都是相国说了算吗？”

田常果然被说服，于是说道：“先生所言极是，但现在军队都已经向鲁国方向出发了，突然撤军去转攻吴国，这恐怕会引起众人的怀疑啊。”

子贡笑道：“这便是我来和您谈的生意了。您只需要按兵不动，让我去见吴王，游说他出兵援助鲁国，这样您不就可以顺理成章地下令攻打吴国了吗？事成之后，还望相国在粮草方面照顾照顾我的生意。”

说服田常后，子贡又马不停蹄地南下去拜访吴王。见到吴王后，子贡对他说道：“我听说，想要施行王道，就不能让诸侯属国灭绝，想要施行霸道，就得防止另外的强敌出现。如今齐国强大，若是再把鲁国拿下，恐怕就得压吴国一头了。大王何不出兵去援助鲁国？一方面可以赢得好名声，另一方面也能阻止强齐的扩张。”

吴王想了想，觉得子贡说得有道理，便说道：“确实如先生所说，但越国与我有仇，越王现在又退守会稽山，正伺机想要报复我，我得先解决了越国，之后才能去攻打齐国。”

子贡摇头，说道：“越国力量不比鲁国，吴国强大不如齐国，您若是要先去攻打越国，那等您打完，鲁国肯定被齐国拿下了。更何况，大王您放着强大的齐国不管，反而去打弱小的越国，这事传出去，不知道的还以为您这是怕了齐国呢！”

吴王觉得子贡说得有道理，但又担心出兵援助鲁国的时候，越国会趁虚而入。于是，子贡又提出，可以前往越国，说服越王一起出兵，讨伐齐国。

子贡的夫人是越国人，岳父乃会稽第一富商，因为这层关系，子贡在越国的名声也算响亮。得知子贡前来，越王赶紧命人清扫道路，还亲自去殿外迎接他，热情地问道："先生怎么大驾光临了？"

子贡叹息道："此前我劝说吴王出兵援助鲁国，攻打齐国。吴王心中是愿意的，但又担忧越国会趁机出兵，让自己腹背受敌，所以便说，要等攻下越国之后再去打齐国。"

听到这话，越王大惊失色，子贡接着说道："我心中担忧，若是大王再次落入吴王手中，恐怕是性命堪忧啊，更别提什么报仇雪恨了。"

越王深以为然，对子贡深深一拜，说道："还请先生指教。"

子贡说道："吴王残暴，国内早就怨声载道。大王您若是能假意对吴王投诚，献上重金宝物去取悦他，用谦卑恭敬的言辞打动他的心，然后自愿出兵协助他一同伐齐，那么即使最终不能获胜，吴军的实力也会因此而削弱；如果胜了，以吴王的性格，很可能会进一步攻打晋国，如此一来，越国也就有机可乘了。"

子贡一番话算是说到了越王心里，他欣然应允了子贡的提议。

达成目的后，子贡将消息传回给吴王，之后便马不停蹄地继续赶往下一站：晋国。

这时候，晋国的实际掌权人是赵简子，他曾对孔子发出邀请，希望对方能来晋国辅佐他，但最终，因为种种原因，孔子未能成行。对此，赵简子一直十分惋惜，所以在听说孔子的徒弟子贡来求见时，心中十分欢喜，特意举办了酒宴迎接他。

见到赵简子后，子贡与他相谈甚欢，第二日便在他的引荐之下入宫觐见了晋定公。见到晋定公后，子贡便将吴王和越王已经准备共同出兵攻打齐国的事情说了出来，并问道："不知大王可已做好准备？"

晋定公一脸茫然，问道："这吴国和齐国交战，关我晋国什么事？我需要做什么准备？"

子贡说道："大王此言差矣。我听闻，不事先做好谋划，便无法应付突如其来的状况，不事先将军队治理好，就无法战胜敌人。如今，吴、齐两国即将开战，若是吴国不能胜，那么越国必定会乘机报复；而如果吴国获胜，下一个遭殃的必定就是晋国了啊！"

晋定公大惊，急忙和赵简子一起商议起对策，严阵以待地等着吴军到来。

就这样，子贡一番周旋，凭借一己之力扭转战局，保全了鲁国，扰乱了齐国，并间接导致了吴国的灭亡。而最令人感到不可思议的是，在这个过程中，每一方势力都对子贡感激不已，认为对方所做一切均是为自己考虑的。

当然，出门这一趟，子贡也没忘记自己的生意，为齐军提供粮草，在吴国贩卖丝绵，狠狠地赚了一笔，毕竟他可是个生意人！

肆

『我的老师是圣人孔仲尼！』

当人们认为有利可图时，就会自愿把口袋里的钱掏出来。

在孔子的众多门徒中，子贡绝对是佼佼者，他与孔子的关系也十分密切。在《论语》所记录的内容中，向孔子请教最多的弟子正是子贡。由此可见，子贡是一个处处用心、无所不问之人，他对孔子所讲述的学问皆能领会深刻，触类旁通，这样一个弟子，自然能得到老师的喜欢。

对于子贡来说，孔子就是他人生道路上的一座灯塔，因为他的出现，点亮了子贡茫茫然的前路，让他从懵懂蒙昧走向智慧通达，引领他从商贾之道升华至君子之道。

子贡对孔子的推崇是毋庸置疑的，但对于孔子来说，他最喜欢，并且视为衣钵传人的弟子，其实并不是子贡。

在孔子的诸多弟子中，他最喜爱的弟子，一位是颜回，另一位是子路。颜回 14 岁便拜入孔子门下，可以说是在孔子身边长大的，二人不仅仅是师徒，感情更甚父子。在所有弟子中，颜回也是最像孔子的，不管是做学问还是为人处世，彼此之间都十分有默契。因此，一直以来，孔子也将颜回视为自己的衣钵传人。

子路年纪与孔子相差无几，只比他小九岁，两人既是师徒又是挚友。在拜入孔子门下之前，子路是个四处行侠仗义、打抱不平的“大侠”，拜入孔子门下之后，便担负起了孔子的保镖兼助理工作，是孔子最为信任的人。只可惜，这两位爱徒最终都先孔子而去，让孔子痛心不已。

子贡拜入孔子门下时，已经二十有余，在跟随孔子学习期间，子贡也一直有自己的事业，因此并不常常陪伴在孔子身旁，感情自然比不得在孔子身边长大的颜回和一直与孔子相伴的子路。

《论语》中记载了一则孔子与子贡之间的对话。孔子问子贡："你觉得自己和颜回相比，谁更聪慧好学呀？"

子贡回答说："我怎么能和颜回相比呢？颜回听到一件事，就能推算出十件；我呢，听到一件事，顶多能再推算两件。"

孔子不由感叹："确实如此啊，我和你都比不上他！"

从这则对话便能看出孔子对颜回的喜爱与看重，而聪慧如子贡，自然也对老师的心思心知肚明。有趣的是，即使心里也认可颜回的优秀，在回答老师提出的问题时，子贡也不忘强调一下，自己虽然不如颜回，但也还是能推知一两件呢！

虽然孔子非常欣赏颜回，但实际上，若以大众的眼光去看待，子贡显然更符合传统意义的"成功"。他不仅在学业、政绩方面都有突出的成就，在经商理财上也有着卓绝的天赋，而颜回呢，孔子曾赞誉他说："颜回这人呀，可以做到三个月发自内心地不违背仁德，而其他人呢，顶多能在一天或一个月里偶尔做到一两次。"可见，在孔子眼中，颜回的优秀主要体现在两方面，一是仁德，二是聪慧。

子贡是认同和理解孔子的，他虽然取得了世俗意义上的成功，但他的心性与品格却远高于世俗，也正是因为如此，他才会对孔子推崇备至，也才能在往后的一生中都致力于宣传儒学。

孔子生存的年代，正是一个礼崩乐坏的时期，他终其一生都在努力恢复礼乐制度，试图打造一个极高的境界——"仁"。因此，他对于弟子的最高要求也都是从这个角度出发的。对孔子来说，他们是否能建功立业，是否能在政治或军事的舞台上崭露头角、扭转乾坤，都不打紧，他更看重的，是他们在精神境界上的建树。

孔子曾在闲谈中流露过一些关于致富的想法，他是这样说的："富而可求也，虽执鞭之士，吾亦为之。如不可求，从吾所好。"如果获得富贵的方式是合乎道义的，那么即使当个马车夫，孔子也愿意。但如果是不合乎道义的，那就不要强求了，重要的是不违背自己的内心。

这一想法对子贡的影响是非常深远的，相比自己的老师，子贡显然在创造财富方面有更多的才能与天赋，但钱财富贵之于他，却最终成为学术与精神的载体，甚至可以说，他的老师孔子与其所推崇的儒学，之所以能产生那样深远的影响，子贡的宣传是功不可没的。

孔子病逝后，子贡率领众师兄弟操办完了老师的葬礼，之后便如同为父母守孝一般，在孔子墓旁搭建起一个棚子居住。他每天带领众人诵读早课，回忆孔子的一言一行，研习他所留下的书简。子贡知道，对于老师来说，最放不下的，是他一生奉行的学说，如今斯人已逝，他唯一能为老师做的，便是将他所推崇的仁义继续传播下去。

在此期间，有人提议，不如大家一起将老师生前的言论都搜集起来，整理成册，让后来的弟子们可以传阅，也让后人们有机会认识和了解老师。子贡觉得这个提议非常好，很快就带领众人开始了这项工作。这便有了后来光耀千年的传世巨著《论语》。

子贡和师兄弟们一起为孔子守丧三年，三年之后，子贡内心仍旧充满悲痛与遗憾，便又加了三年，整整为孔子守丧六年，由此可见孔子在子贡心中的地位之高。

孔子去世后，与他结有仇怨的鲁国实权派人物叔孙武叔经常在各种场合诋毁孔子，子贡知道这件事后，只云淡风轻地说道："这样做又有什么用呢？老师仲尼是没有任何人能够诋毁的。别人的贤能犹如丘陵，努努力或许还能超越；但仲尼，我的老师，就如同九天之上的日月一般，谁能超越日月呢？一个人，即使自绝于日月，又会对日月有什么损害？不过只是更加显示出他的自不量力罢了。"

后来，或许是出于某种"拉踩"的心思，那位叔孙武叔又在朝廷上公然宣称："要论道德品质，子贡可比仲尼强多了！"

听到这话，子贡回应道：**"譬之宫墙，赐之墙也及肩，窥见室家之好。夫子之墙数仞，不得其门而入，不见宗庙之美，百官之富。得其门者或寡矣。夫子之云，不亦宜乎！"**若是以院墙来比喻，那么赐（子贡）的院墙大概就是及肩的高度，室内摆放的东西都能让人一览无遗；而夫子（孔子）的院墙则是高达数丈，不找到院门进入其中，是根本看不到里面建筑之宏伟、器物之精美的。只是，有能力找到院门并顺利进入其中的是少数，大部分人都只能隔着院墙，凭空去想象里头的样子，然后说些不知所云的话罢了！

在了贡看来，曾经的自己便是那站在院墙下的人，但自己终究是幸运的，不仅找到了院门，还得以进入其中，欣赏到了那些震撼人心的广博学识。而处处诋毁老师的叔孙武叔，也不过就是和那些庸碌之众一般，根本无法窥见老师思想的博大精深。

在很长的一段时间里，子贡一直在思考：老师有着广博的学问和深厚的道德修养，却追寻一生也没能实现心中的"大道"，这真的只是一句"命运不济"能解释的吗？

老师被尊为"圣人"，其学问之广，囊括宇宙洪荒，可周游列国，却始终未能让任何一位国君，甚至大夫接纳并实施他所推崇的“仁政”，这究竟是谁的问题呢？

子路坚守老师教导的“忠”与“礼”，却最终落得个死无全尸的下场；冉有奉行老师教导的“仁”与“义”，却因此和领导矛盾不断，一再遭到打压……老师虽有弟子三千，可真的有人能将老师的思想推广开来，让老师的“大道”得以推行吗？

苦苦思索中，子贡忽然想到自己在经营生意时的种种举措，眼前豁然开朗。既然世人因自身资质所限，无缘得以窥见老师高大院墙后的壮阔景象，故而也提不起想要进入其中、了解其貌的渴望，那么自己是否能够想一些办法，让世人能够有幸窥见一些“利益”，继而激发人们心中的渴望呢？

很快，子贡就找到了适合自己的路：义利结合，以义制利，将儒家思想中的“道”与经商技巧中的“术”相结合，这便是商业之道。

伍

君子喻于义，小人喻于利

投其所好，每个人都愿意为喜欢的东西买单。

孔子曾说过："君子喻于义，小人喻于利。"

对于地位崇高、品性高洁的君子来说，他们所追寻的，是正义与公平；而对那些地位低下，没有什么学识的小人物而言，他们只能明白于自身有利的东西。如果你去和君子谈论利益，必然会遭到对方的鄙夷和嫌弃；相应的，若你非要去和小人讲道义，恐怕也只会得到对方的白眼。这是价值取向的不同所决定的。

在为孔子守丧的六年中，子贡逐渐参悟透了这个道理，一些萦绕心头的疑问也似乎找到了答案。

孔子在世时，子贡就一直竭尽所能地支持着他的事业，为他周游列国提供资金支持。想当初，孔子带领学生周游列国，被困在陈、蔡两国交界地的时候，也是子贡前往楚国求见楚昭王，并搬来了救兵。

如今，孔子溘然长逝，深受他器重的颜回与子路也都早已不在，子贡更加不可能放弃推行老师的学说。

昔年，老师在创办私学时提出过"有教无类"的基本方针，接受一切有心向学之人，无论对方过去有什么样的经历，是什么样的身份，都一视同仁。如今，子贡对此也有了更深一层的领悟。

六年守丧之后，子贡做了两件事，一是进入政治领域，出任鲁国和卫国的国相；二是一边经商一边效仿孔子四处讲学。

身居高位之后，子贡利用自己的影响力，在上层人士之中极力推广儒学。而面对下层人士，子贡则采取了义利结合的套路，将儒家思想的"道"与经商技巧的"术"相结合，给百姓宣讲"商学"。他的这一举动，不仅提高了当时商人这一群体的社会地位，而且拔高了“商”的层次，让其成为一门专修学问。

如果对饭都吃不饱的百姓讲仁义，他们或许根本不感兴趣；但如果教导他们如何经商，如何赚钱，他们可就兴致勃勃了。之后，子贡便能继续教导他们，如何担负起一个商人应该担负的“天命”。这是一个教导人们从蒙昧到清醒，从懵懂到清明的过程。

孔子在世时，子贡曾问他：“我已经厌倦学习了，对于道的理解又遭遇瓶颈，要不找个君主去侍奉，就当休息了，您觉得怎么样？”

孔子说：“侍奉君主，你得时刻保持温文恭敬，谨小慎微，这么难的事情，怎么可以休息呢？”

子贡又说：“那我去侍奉父母吧，这样总能得到休息了吧？”

孔子说：“《诗经》中说，孝子的仁孝之心永远不会枯竭，孝顺的法则也当永远传递，可见，孝顺父母同样是很难的事情，又怎么得到休息呢？”

子贡又说：“那若是和妻儿待在一起呢？”

孔子说：“《诗经》有云，（男人）要成为妻子的典范，继而是兄弟的榜样，然后治理宗族和国家，可见，与妻儿相处也不是易事，如何休息呢？”

子贡继续说：“那朋友呢？”

孔子说：“朋友之间当互相帮助，让彼此的行为举止都符合威仪。”

子贡说：“那我不如去种地。”

孔子说：“白日割茅草，晚上搓麻绳，修好屋子，又得继续播种。”

子贡叹息：“难道就没什么地方可以让我休息了吗？”

孔子答：“你瞧瞧，那高耸的坟墓，那便是可以休息的地方了。”

那一刻，子贡突然就顿悟了，无论君子还是小人，无论地位高贵还是低贱，在生死面前，其实并没有什么不同。所有的人最终都会走向同样的终点，同样的归宿，在那里，君子可以安眠，小人也将埋骨。我们虽无法选择归处，但却能够选择如何走向归处，这是每个人自己的道。

每次讲学，子贡都会用回忆孔子的方式，以孔子的言论作为开头，再结合自己的感悟与想法，引出真正的主题——商业之道。

喜欢听子贡讲学的人很多，有充满好奇的，有想凑热闹的，有真心向学的，有想学做生意挣钱的，也有看笑话的……无论是谁，子贡都不拒绝，他以孔子为榜样，奉行着他“有教无类”的方针。他一边讲学，一边继续经营自己的商铺，也不忘将所得投入慈善事业。

子贡的生意遍布全国，无论达官显贵还是平民百姓，无不对他赞誉有加。在当时，一些商队只要打出他的旗号，便可在各国都畅通无阻，可见他的影响力之大。

相传子贡曾在陶邑讲学，开坛授徒，其间，他听说当地有个非常厉害的商人，人称陶朱公。此人不仅经商本事十分了得，还十分乐善好施，令人敬佩。子贡心生仰慕，便找了个时间前往陶朱公府上拜访。

诸位或许还记得，当初齐国打算攻打鲁国时，子贡曾为保全鲁国而四处奔走，当时还曾去见过越王。因此，一见到陶朱公，子贡就感觉对方十分面善，似是在哪里见过，一时却又想不起来。

陶朱公十分热情地接待了子贡，二人相谈甚欢。陶朱公向子贡请教道："听闻您自创了一套'商业之学'，不知究竟有何奥妙？"

子贡答道："商以信立，以义取，以智识，以礼约，以仁成……"

听着子贡侃侃而谈，陶朱公不时点头，向其投去赞许的目光。之后，陶朱公也将自己的感悟和所认为的"商道"分享给了子贡。陶朱公说："我所认为的商，归结起来就是三个字：天、地、人。"

接着，陶朱公也侃侃而谈，将自己的这套理论告诉子贡。子贡听得津津有味，对他更心生敬意，也越发肯定了他必定不是寻常人。就在这时，子贡脑中忽然灵光一闪，认出了眼前的人，但他只是微微惊讶，并未说破对方的身份。

这一次会面后不久，子贡就离开了陶邑，二人再未见过面。

子贡去世后，将家财交到了孙子端木叔手中，端木叔聪慧过人、乐善好施，与子贡十分相像。晚年时，端木叔甚至散尽万贯家财去资助宗族国人，弄得自己生病都没钱买药吃，就连死后都是那些受过他施舍的人共同出钱为他安葬的。

子贡曾与孔子有过这样的对话：

子贡问："贫穷而不谄媚，富有而不骄狂，这样如何？"

孔子说："还算可以吧。但不如虽然贫穷仍旧追求圣贤之道，即使富贵依然通事理、懂教化。"

端木叔真正做到了这一点。

陆

儒商祖师，端木遗风

君子爱财，取之有道。诚信聚财，端木遗风。

旧时的中国商人常常会在自己的店铺内悬挂八个大字——陶朱事业，端木生涯。

陶朱指的就是春秋时期的第一富豪陶朱公；而端木指的就是孔子的弟子端木赐，即子贡。这二人一直被商人们奉为“始祖”，而子贡更是有“儒商鼻祖”之称。

在孔子的诸多弟子中，子贡绝对是排得上名号的。他不仅聪明好学，品性高洁，还是一个商业奇才。司马迁在《史记·货殖列传》中记载了一些有关他行商的事情，并用不少笔墨对这位商业巨子予以了高度的赞扬。他在经商过程中始终坚持的诚信原则一直被人们所推崇，因他复姓端木，故而后人也将他所遗留下的这种诚信经商之风称为“端木遗风”，其中心思想就是“君子爱财，取之有道”。

在一些民间传说中，子贡被奉为西南路的文财神，受到民间百姓的供奉。而他之所以能够享有这一殊荣，不仅是因为他在经商赚钱上的天赋，更在于他先进的经商理念和高洁的品性，备受人们所推崇。

子贡是一名典型的儒商。所谓儒商，即“儒”与“商”的结合体，意思就是既有儒者的道德与才智，又兼具商人的财富与成功。

一直以来，提到商人，人们首先想到的都是“无商不奸”“唯利是图”等比较负面的形容词，中国古代社会也有“士、农、工、商”的等级划分，商人地位是非常低的，甚至就连经商这件事情，都会受到轻视与鄙夷。

然而，子贡却将“儒”与“商”结合起来，开创了一种全新的“商业之道”。在他的观念中，**经商赚钱只是一种手段，其终极的目的还是利用财富的力量来完成自己的“道”**，实现治国、平天下的至高政治理想。

子贡一生所坚守的经商理念，深受孔子儒学文化的影响。《论语·述而》中讲道："子以四教：文、行、忠、信。"

所谓"文"，指的就是历代保存下来的文献，包括《诗》《书》《礼》《易》《春秋》等。

所谓"行"，指的就是一个人的生活阅历与社会经验。

所谓"忠"，指的是品性的忠诚。

所谓"信"，指的是人与人交往中的"信用"与"信誉"。

这些都是子贡在经商活动中一直坚守的原则和底线，也正是这样的原则和底线，彻底颠覆了"无商不奸""唯利是图"等人们对商人的刻板印象，用切实的行动践行了"君子爱财，取之有道"这一观点。

在《论语·为政》中，子贡询问孔子，如何才能成为君子。孔子回答说："先行其言而后从之。"对于你要说出的话，先去实行了以后再讲出来。

这其实就是在告诉子贡，君子应当做到言行一致，说出的话就必然要践诺，做到"言必信，行必果"，子贡的诚信经营理念正是源自于此。

儒学的核心思想是"仁"，子贡也始终将这一核心贯穿在自己的经商生涯中。他是一名成功的商人，也是一位广布仁德、为民造福的善人，还是一位传道授业的儒者。这也是他被后世尊崇为"儒商鼻祖"的根本原因所在。在子贡的"经商生涯"中，谋利与弘道实现了完美的统一。

子贡曾问过孔子："如果有一个人，他给予了老百姓很多的好处，帮助大家过上好日子，这样的人算得上'仁人'了吧？"

孔子说："何止啊，这简直就是'圣人'了！恐怕连尧、舜这样的圣贤都难以做到。有仁德的人，就要想自己站得住，还得帮别人站得住；要想自己过得好，还得帮别人过得好。凡事都能推己及人，才是实行仁德的方法。"

子贡一直牢记孔子的教诲，并一直身体力行地在做这件事情，这种义与利的结合与统一，正是儒家精神的极致体现，也就是后来孟子所说的"达则兼济天下"。

既然能被尊为财神，那么除了道德品行的高洁之外，聚拢财富的能力必然也是非常重要的。

《史记》中记载"子贡好废举，与时转货赀"。意思就是说，子贡特别擅长做买进卖出这件事，能准确地预测市场情况，按照供需变化来买卖货物，从中谋利。这也正是子贡经商成功的"撒手锏"。

当初子贡以商贾的身份在六国之间往来行走，倒卖货物时，发现当时各国的达官贵人们都喜欢佩戴珠宝，并已渐渐形成一种潮流趋势。于是，他便去一些贫穷的地方大批量收购制作珠宝饰品的原材料，自己开设珠宝作坊进行加工生产，再把成品珠宝饰品运往那些富裕的国家和地区进行销售。他的财富便是这样越积越多的。

除了经商方面的才能之外，子贡在政治领域的影响力也不小。单从他遵从孔子的命令，以一己之力保全鲁国的辉煌战绩中，就能看出他的机智与辩才。他还担任过鲁、卫两国的国相。

总而言之，无论是道德品行，还是政治才能，抑或商业手段，子贡的优秀都不容置疑。

在我国的传统文化中，财神主要分为两类：一类是道教赐封的财神；另一类则是民间信仰的财神。而子贡正是一位凭借自身魅力、高尚品德、经商头脑以及强大影响力而被人们所推崇、铭记的财神。

武财神

关羽

——从武圣到财神

『义』能守财，只因忠义之人值得托付。

壹

盐业中心出生的红脸大汉

当一个人与自己身处的文化、环境紧密结合之后，他才能站在更高的平台，拥有更大的格局。

关公关老爷，姓关，名羽，字云长，本字长生，山西运城解州镇常平村人氏。

运城是一座拥有古老历史的文化名城，是中国制盐业的发源地。我国的用盐史始于运城，运城盐湖是我们祖先开发最早的盐湖。据《河东盐法备览》记载，五千多年前，我们的祖先就在运城盐湖发现并食用盐。这是“中华民族利用山泽之利的一个伟大创举”。以此为分界线，我国上古时期人们的生活进入一个新的阶段。

在古代，制盐业是一个非常关键的行业，盐商也是古代富有的人群之一。关羽出生在这样一个制盐业发达、富商聚集的地方，这也是他后来成为财神的一个关键因素。

闲话至此，我们继续来说关羽的事迹。关羽年轻时，因打抱不平犯了命案，逃难江湖，“亡命奔涿郡”，来到河北。

有关他的真实相貌，正史未见记载，而《三国志·关羽传》中有谈及他那把胡子。关羽在荆州期间，听闻西凉马超归降刘备，自己与其不识，便给诸葛亮写信，问马超才干谁人可以相比。鬼灵精的诸葛亮知其心高气傲，复信答曰：“马超文武兼备，勇猛超群，不愧一世之杰，是前汉英布、彭越一类的英雄人物，当代可与张飞并驾齐驱，但不及美髯公您超凡出众、绝伦逸群。”关羽蓄着漂亮的长须，平常极为珍惜，打理得妥妥的，得到诸葛亮这番称赞后，很高兴，甚为自得。

到了罗贯中的《三国演义》中，关羽在如今的河北省涿州市推着独轮小车出了场，看其人：身长九尺，髯长二尺；面如重枣，唇若涂脂；丹凤眼，卧蚕眉，相貌堂堂，威风凛凛。这一高大形象从此定格，后世关公塑像、画像、戏剧扮相等，莫不以此为准。

“重枣”即暗红色的枣子，言关羽肤色深，脸色深红。然而，他生来就是重枣色的脸色吗？是罗贯中杜撰，还是另有缘由？

传说关羽的脸一开始并不红，很白净，是后来变红的。关羽少时勇猛，不自检束，父母怒而将他关在了后园空屋。一天夜晚，他越窗而出，闻墙东有女子啼哭甚悲，有老人相向而哭，他甚觉奇怪，遂翻墙询问。老者诉：“我女儿已受聘，许配于人，本县舅爷闻女有色，欲娶为妾，我向县尹告状，反受叱骂，故此相泣。”关羽一听大怒，径往县衙，要求县尹秉公断案，孰料县尹非但不听，反而盛气凌人，恫疑虚喝。关羽一怒之下，杀县尹并其舅爷而逃。

一则曰：官兵急追，关羽跑得满头大汗，至一河边，想着喘口气，洗把脸，歇息下。被冰冷刺骨的河水一激，他霎时脸变丹红，成了“重枣”色。这脸一变色，就像变了个人似的，正好骗过了官兵。

二则曰：关羽遭官兵追捕跑至河边，遇见一老太太。老太太对他说：“年轻人，快把鼻子打破。”关羽二话没说，照自己的鼻子就来了一拳，将鼻血抹在脸上，变成了大红脸，然后再把自己的头发拽下来，贴在下巴上，立刻成了一个红脸长髯的大汉。官兵追过来一看，见他面皮不白净不说，还那么红，一把长胡须也是少见，就继续朝前追赶。关羽谢过了老太太，一路跑到涿郡去了。这老太太是谁啊？原是救苦救难的观世音菩萨。

三则曰：关羽逃到了一座山里。有个姑娘正在屋前纺纱，看到落难之人后，让他赶快躲到床上装病。姑娘杀了只公鸡，将鸡血抹在关羽脸上，又把自己的头发剪下来贴在他的嘴巴上，然后用被子把他蒙起来。官兵追来后，见床上躺着一个人，掀开被子一看——眼前这人，长髯过腹，满脸通红，像是发高烧，而他们要抓的那个人面皮白净，随即走开。关羽因此躲过一劫，然这被鸡血染红的大脸再也变不回去了，姑娘的青丝就变成了他长长的美髯。

另还有些传说，与以上类似，大同小异，不一而足。传说毕竟是传说，比"演义"还不靠谱，只堪一笑，不足为信。

至于世人为什么一定要将关羽的脸色设定为红色，而非其他颜色，盖因国人尚红。红为吉祥色，又为辟邪之色，能祈福迎祥。凡遇喜庆，人们都会自觉地选择中国红。**通常，红色昭示着热烈、奔放、激情与斗志，放在人身上就是英勇、忠义的体现。**"红蓝别善恶，黑白显忠奸"，戏剧中的红脸角色历来就是赤诚、忠厚的人物。赤胆忠心、义薄云天的关公自是其突出代表，他不脸红谁脸红？

贰 刘备的忠实拥趸

走对路不如做对事，做对事不如跟对人。

关羽与刘备、张飞桃园结义的故事，在宋元时期开始流传。“初，王(关羽)及车骑将军飞(张飞)与昭烈(刘备)为友，约为兄弟。”

据《三国志平话》记载，“刘关张”三人谋面，意气相投，言行相顾，遂一同来至张飞宅后桃园，在园内小亭置酒欢饮。饮间，三人各序年甲：刘备最长，关羽为次，张飞最小。以此大者为兄，小者为弟。宰白马祭天，杀乌牛祭地。不求同日生，只愿同日死。三人同行同坐同眠，誓为兄弟。

《三国演义》开篇的回目就是：宴桃园豪杰三结义，斩黄巾英雄首立功。这里写得更为生动鲜活，说张飞庄后的桃园，花开正盛，“刘关张”三人到桃园中，备下乌牛、白马等祭礼，焚香再拜而立誓曰：“念刘备、关羽、张飞，虽然异姓，既结为兄弟，则同心协力，救困扶危；上报国家，下安黎庶。不求同年同月同日生，只愿同年同月同日死。皇天后土，实鉴此心，背义忘恩，天人共戮！”誓毕，拜刘备为兄，关羽次之，张飞为弟。祭罢天地，复宰牛设酒，聚乡中勇士，得三百余人，还在这桃园里大摆宴席，痛饮一醉。

故事感人肺腑，千古相传，让后世敬仰，只可惜其真实性有待考证。史料中，只“羽年长（张飞）数岁，飞兄事之”一句，并没说关羽、张飞也与刘备结拜，成了兄弟三人组。《三国志·刘晔传》中还说“关羽与备，义为君臣，恩犹父子”。即便桃园三结义真有其事，他们三兄弟的排序也可能有差错。刘备确切生于东汉延熹四年（161 年）。张飞生年失考，但比关羽年轻无疑，其老大的地位被排除在外。关公的生年也没见诸史料，元朝文人胡琦写《汉寿亭侯志》，称关羽生于东汉延熹二年（159 年）；清康熙年间有“关侯祖墓碑记”出土，载关羽生于延熹三年（160 年）六月二十四日。如此，关公关老爷的年龄大过刘备，“刘关张”岂不是要改成“关刘张”了？

这显然不合适。再怎么着，“刘关张”之说也是流传了千年，刘备居长，老大就是老大，地位不容撼动。古时虽特别强调长幼有序，尊卑有别，但也同样不以年龄论大小、论高低、论英雄。兴许在桃园结义时他们哥仨儿不是按年龄大小排的序？想那刘备生有异相，身高七尺五寸，双手过膝，目能自顾其耳，虽说是以卖鞋织席为业，然出身高贵，乃中山靖王刘胜之后，论起来汉灵帝也得管他叫叔，性情宽仁大度，厚道，喜怒不形于色，好结交豪侠之士，天生就是当大哥的料。关羽和张飞遂都服他，一致推选他为老大。

就这样，关羽退为老二，成“关二爷”了。但这丝毫没给他带来不好的影响，相反，更成就了他。跟着老大刘备，关羽的战斗力被激发出来，更加勇猛善战，百万军中取上将首级，如探囊取物。同时，其忠义守信的品格也越发凸显，终成义薄云天的千古人物。有诗相赞：

人杰惟追古解良，士民争拜汉云长。

桃园一日兄和弟，俎豆千秋帝与王。

叁 身在曹营心在汉

选定的路，就要坚定地走，不能因为路途中有点儿坎坷，或受到了一些诱惑，就轻易否定自己的选择。

关羽跟了刘备后，与张飞一起做他的护卫，“为之御侮”。刘备就任平原相，以关羽、张飞为别部司马，分领所辖军队。

他们仨的关系确实非同一般，食则同桌，寝则同床，亲如同胞兄弟。关羽和张飞也确实尊重这位汉室宗亲——“刘皇叔”：每于大庭广众之中，侍立在其身旁，片刻不离左右；随他与人周旋，与敌作战，从不惧怕，不避艰险。

《三国演义》中，关公被困于下邳城外一座土山上，势不能脱。曹军大将张辽与关羽是故交，上山劝降。关羽思虑再三，约下“三事”，即给出了三个条件：一者，只降汉室，不降曹操；二者，给刘备一份俸禄，用来供养他的两位夫人；三者，但知刘备去向，不管千里万里，便要去寻。曹操应允，关羽方才归降，留在了曹营。实际上，关羽当时哪有这么硬气，淡定从容，还跟曹操讨价还价？《资治通鉴》上说曹操“进拔下邳，禽关羽”，连《三国志》有关关羽的传记中也说“曹公禽羽以归”。说白了，关羽就是被曹操生擒活捉了，成了人家的俘虏。

不过，关羽虽系败军之将，战俘或投降，却甚受优待、器重。归降曹营后，曹操立即拜他为偏将军，以客礼待之，每每延之上座，又送他不少绫锦及金银器皿，据说还有美女相送。建安五年（200 年）二月，袁绍发兵攻打曹操，遣大将颜良至白马，围击东郡太守刘延。颜良骁勇，曹军几度落败。曹操大为忧虑，亲率大军急速赶往白马，张辽和关羽并作先锋。随后，即发生了关羽斩颜良的故事，白马之围遂解。

曹操见关羽果然厉害，名不虚传，对他更加钦敬，表奏朝廷，封其为汉寿亭侯。

起初，曹操钦佩的是关公为人，赞其英勇，一心想把他留住，为己所用。后来察言观色，看其心神，发现他只是暂时委身，并无久留之意，便派张辽去了解关羽的想法。关羽叹口气，说道:“我深知曹公对我情深意厚，然我深受刘备厚恩，发誓与他同生共死，因而绝不会背叛。我终不会留在这儿，一定要立功报效完曹公后，再行离去。”曹操听完，越发佩服他之义气。这次关羽秒杀颜良，解了白马之围，自是大功一件。曹操知他必去，对其赏赐更重。

传说，关羽进曹营，除了自己被困，已是走投无路外，也是为了保护刘备的两位夫人，也就是他的两个嫂子。这事在《三国演义》里面被描写，然未必是真。那会儿关羽在曹营能不能遇见刘备的两位夫人都有疑问。

不管怎样，关羽是在曹营里待下来了。他待得憋屈、郁闷，度日如年。一开始，关羽不知道刘备下落，等到得知他在袁绍处，大喜过望，便赶紧收拾行李，将曹操所赐钱物尽数封好，留下一封辞谢信，出了曹营。

曹操拿着关羽的这封信，半天没吭声。身边左右欲去追赶，曹操说道:“他这是为其主，不必去追了。”

肆

放走曹操？大战长沙？

不要在自己强大时把事情做绝，越是占据上风，越要控制自己的言行。

东汉建安十三年（208年），曹操出兵南征刘表。刘备因依附于刘表，自在被征伐之列。时刘备在樊城驻守，知曹军将至，樊城难保，急率部南退。沿途收拢荆州官民，加上自己部属，共十多万人，辎重车数千，行进缓慢，一日只能走十余里。退至当阳时，为了抢占前方要地江陵，刘备命关羽率一部分部队走水路，乘船数百艘，先行南下，约定在江陵会师。属下向刘备建议道："应当火速行动，赶至江陵。如今我们人数虽多，但能打仗的少。若曹兵追至，未必抵挡得住！"刘备无奈地说道："成大事者必定以人为本，现在这么多人愿意跟随我，我如何忍心弃之而去呢？"

那会儿，刘表刚刚去世。东吴鲁肃听到这一消息，对孙权说："荆州与我们相邻，江山险固，沃野万里，士民殷富，若据而有之，就成帝王之资了。今刘表新亡，他的两个儿子不和，军中诸将，各有各的倾向。刘备是天下枭雄，与曹操有隙，寄居在刘表那里。刘表恶其能而不重用于他。如果刘备跟刘表的儿子们齐心协力，上下团结一致，我们就应当与他们和睦相处，共结盟好；如果他们之间离心离德，分崩离析，我们就该另行主意了。我请求您派我去向刘表的两个儿子吊丧，并慰劳他们军中的重要将领，同时劝说刘备安抚刘表的部众，使他们一心一意，共抗曹操，刘备一定会欣然接受的。"孙权即遣鲁肃去往荆州。

鲁肃见到刘备，说出了孙权的意图，与他讨论天下形势，并表示了诚挚的关心。鲁肃询问他："现在您准备到什么地方去？"刘备说："我与苍梧太守吴巨是老朋友，打算去投奔他。"鲁肃说："我江东孙将军聪明仁惠，敬贤礼士，江南的英雄豪杰都归附于他，现在已占有六郡的土地，兵精粮多，足以成就一番事业。如今为您打算，最好是派遣心腹到江东去与孙权将军联络，可以共建大业。而您却想投奔吴巨，吴巨在偏远的边郡，早晚会被别人吞并，吴巨本人又是个凡夫俗子，怎么可以托身于他呢？”刘备听后非常高兴，依鲁肃的建议，决定向江南樊口进发。

再说曹操，也知紧临长江的江陵军实充足，恐刘备先至，遂留下军中辎重，轻装前进。到襄阳时，闻刘备已经过去，亲率精骑五千急追，一日一夜行三百余里。在当阳长坂坡，曹操追上了刘备。一场大战后，刘备又丢下妻子和儿子，与诸葛亮、张飞、赵云等数十骑逃走，曹操获其大量人马辎重。

刘备一行抄小路逃往汉津，正巧碰上关羽的船队，得以渡过沔水，一起赶至夏口，再到樊口住了下来。

曹军进驻江陵后，准备顺江东下，追击刘备，且有讨伐东吴孙权之意。刘备安排诸葛亮去和孙权联络结盟，孙权遣周瑜、程普等水军数万，与刘军会合，在赤壁与曹操展开大战。曹军大败，战船皆被烧毁。刘备与吴军水陆并进，一直追击到南郡。彼时正流行瘟疫，加上饥困，曹军死亡大半。没办法，曹操只好留下征南将军曹仁、横野将军徐晃守江陵，折冲将军乐进守襄阳，自己撤军北还。

孙、刘联合抗曹，稳固了荆州南部地区。刘备上表朝廷，荐刘琦为荆州刺史，实则刘琦受刘备控制，接着又引军征南方四郡，武陵太守金旋、长沙太守韩玄、桂阳太守赵范、零陵太守刘度皆降。庐江营帅雷绪率部属数万也来归降。刘备于是有了荆州、江南诸郡，论功行赏，封拜元勋，以诸葛亮为军师中郎将，督零陵、桂阳、长沙三郡，征其赋税以充军实，又任偏将军赵云为桂阳太守。关羽则被任命为襄阳太守、荡寇将军，驻军江北。

这便引出关羽的两段精彩故事——华容道义释曹操和战长沙义释黄忠。华容道在长江以北，旧为乌林至江陵的必经之路。乌林与赤壁隔江相望，曹操在赤壁大战中落败，从乌林西撤江陵，也确实走过华容道。东晋裴松之注《三国志》说曹操战船为刘备所烧，引军从华容道步走，道路泥泞不堪，无法通行，天又刮起大风，行走更加艰难，于是命羸弱之兵割草垫路，大军才得以勉强通过。那些老弱残兵被人马践踏，深陷泥中，死者甚众。大军既过，曹操不由大笑。诸将不解，曹操言道："刘备才智与我不相上下，但他的计谋总要晚我一步。假使他早派快马至华容道放火，我们必定全军覆没了。"话音刚落，探马来报：刘备追兵在后面开始顺风点火。然曹军已过华容道，奔江陵而去了。

当时关羽非但没去华容道设伏阻拦曹操，连赤壁之战正面战场都没有参加。他在哪儿呢？在夏口中军，封锁汉水，以防后续曹军从汉水入长江，掩护周瑜水军后路。此说仅是推测，真假莫辨。然就算他在后方布防，也是参与了赤壁之战，只不过未发挥作用罢了。怎么说赤壁之战也是场大战，刘备的兵马本来就少，不大可能放着关羽这支生力军不让他参加。因之可以推断，关羽参加赤壁之战了，只是战绩不那么突出，未能像东吴战将周瑜、黄盖、鲁肃那样，在历史上留下一笔。也或许关羽当时就在刘备率领的追击曹操的队伍里面，只是曹操已脱华容之险，跑得远远的了。

其实，若按关羽的性格而不是后人塑造的他的性格，若他真的在华容道捉住曹操的话，是不会放过他的。另有记载：有一年刘备在许都时与曹操一起狩猎，等众人在树林里散开，只剩曹操、刘备、关羽几人时，关羽偷着劝刘备趁机杀掉曹操，刘备没有听从。等到他们这回被曹操一路追赶，好不容易才逃至夏口，漂泊江渚，着实狼狈、落魄。关羽不禁发怒，曰:“往日狩猎，若从羽言，哪有今日之困?”刘备劝慰他:“当时也是为国家才爱惜曹操。若天道辅正，安知此不为福邪!”据此，关羽还能义释曹操，上演一出捉放曹，谁信呢?

伍

蜀汉集团的『活财神』

经济基础决定上层建筑。做任何事业想要成功，都必须有财力的支持。

三国相争，争得最凶的莫过于荆州，三分最明显的也是荆州。

在三国前一段时期，荆州基本掌握在刘表一个人手里，辖南阳、南郡、江夏、零陵、桂阳、武陵、长沙七郡，治所在襄阳。刘表逝后，其子刘琮代为荆州牧，旋即请降于曹操。在刘备三顾茅庐、请卧龙诸葛亮出山时，诸葛亮就作《隆中对》，分析天下形势，说："荆州北据汉、沔，利尽南海，东连吴会，西通巴、蜀，此用武之国，而其主不能守，此殆天所以资将军，将军岂有意乎？"等到刘备从樊城败退，南过襄阳，诸葛亮又劝他攻打刘琮，把这块地盘夺过来。因念及刘表的旧日之情，刘备不忍。直至赤壁之战后，刘备南征，收了江南四郡，才算取得了荆州的部分地盘。

东汉建安十四年（209年）十二月，东吴周瑜击败曹仁，孙权让他领南郡太守，以下隽、汉昌、刘阳、川陵为奉邑，收其赋税为俸禄；程普领江夏太守，治所在沙羡。这样，东吴大致保有了南郡（襄阳以南部分）、江夏两郡。随后，刘备表奏朝廷，荐孙权为车骑将军，领徐州牧。正在此时，刘琦病死，群下推刘备为荆州牧，周瑜将江陵长江南岸地区划归刘备。刘备遂立营于油口，改其名为公安。北面的曹操占据南阳郡、南郡北部，孙、刘、曹三家即瓜分了荆州，三方犬牙交错，争斗不已。

对于刘备，孙权是既敬又怕，遂将亲妹妹许配于他。孙刘联姻，关系更好，但在地盘上，两家还是争执不断。先是刘备以周瑜所给地少、不足以容其众为由，亲自到京口找孙权，要求都督整个荆州。周瑜上书说："刘备是枭雄，又有关羽、张飞这等熊虎之将，肯定不甘屈居人下，为人所用。我认为，最好的计策是把他迁走，安置在吴地，为他大兴土木，建造宫室，多多给予美女，使他沉湎于声色之乐，娱其耳目。再将关羽、张飞分开，各驻一地，使得像我周瑜这样的将领能挟持他们攻战，则大事可定也。现在若滥割土地资助刘备，让他们三人聚于一起，疆场上并肩作战，刘备以此为资本，恐怕就像蛟龙得云雨，终非池中物了。”另有东吴将领吕范也劝孙权。孙权认为，曹操正在北方虎视眈眈，应当广揽天下英雄，而不是驱逐，所以没有听从他们的建议。

之后周瑜病逝，孙权拜鲁肃为奋武校尉，代周瑜统领军队，周瑜原所属四千部众、奉邑四县，皆属鲁肃，其南郡太守之职，则交由程普。鲁肃初驻江陵，后下屯陆口，威恩大行，部众增至一万余人。为共同抗拒曹操，鲁肃提出把荆州借给刘备一部分。孙权应允，遂分豫章郡一部，设鄱阳郡；从长沙郡分出汉昌郡，命程普再重领江夏太守，鲁肃为汉昌太守。东吴出让江陵一带的南郡之地，供刘备屯驻。双方约定，一俟刘备有了新的地盘，就把南郡还回来，或者是出让江南的长沙、零陵、桂阳三郡。

东汉建安十六年（211 年），刘备亲率数万人马西进益州，留诸葛亮、关羽等守荆州，任命赵云为留营司马。

孙权听闻刘备西入益州的消息，派船来接他的妹妹回吴。孙夫人想带刘备之子刘禅一起回去。张飞、赵云勒兵江上，拦截孙吴船队，才把刘禅留住。

翌年，刘备在益州增兵，分遣诸将平定下属郡县，令诸葛亮、张飞、赵云等领兵溯江而上，平定白帝、江州、江阳，只留关羽一人镇守荆州。等刘备平定益州后，拜关羽为董督荆州事。

这样一来，就成了关羽一人执掌荆州军政了，重任在肩，压力不小。应当说，在此期间，他干得还是很不错的，恩信广施于人，出文入武，皆卓有成效。

在评价关羽镇守荆州这一段时间的功绩时，大多数人想到的是关羽的武功。事实上，在财政方面，关羽也为蜀汉集团作出了巨大的贡献。荆州地处长江中游，沃野千里，水网密布，是中国最早开发稻作的地区之一。荆州的粮食产量远高于北方的魏国和西川的蜀国，可以养活大量的人口和军队。此外，荆州的商业也非常发达。早在战国时期，荆州境内楚人在列国中最早使用郢爰进行贸易，楚都纪南城已发展成规模宏大的商业都会。“车毂击，民肩摩，市路相排突”，这是对当时纪南城繁荣的描绘。楚怀王时，允许宗室贵族拥有150艘运输船和运输车分别在今安徽、江西、河南、湖南、广西，或沿长江、汉水、洞庭、湘江流域进行贩运贸易。江津（今沙市）为其始发港和回归港口。

到了汉朝，荆州开通了大漕河，江津成为江南向洛阳进贡财物和运送漕粮的枢纽。当时作为长江船运港口的江陵（今荆州市），已发展成为全国十大商业城市之一，并名列南方各大商业都会之首。当时，南方所产皮革、象牙、翡翠、楠梓木、黄金等名贵物品，通过江陵运往京都，外地物产也由水陆干线运来。现今从汉墓中发掘出土的一些精美漆器上面，刻着“成市草”（成都造）的文字，说明它们是自成都运来的。

刘备从离开荆州去益州，到最终占据益州，一共花了三年时间。这三年里，关羽作为镇守荆州大后方的关键人物，将大量的兵马、粮草源源不断地供应给前线的刘备，这才使得刘备可以在漫长的战争中屹立不倒，最终大获成功。所以，对于当时的蜀汉集团而言，关羽既是大后方的“守护神”，也是为蜀汉集团收敛财富、提供物资的财神。

陆

为了荆州，一个人直面危险

人一定要有守卫自身核心利益的勇气，当核心利益被侵犯时，决不能妥协。

东汉建安十九年（214 年），刘备平定益州，得到蜀地。

此前，在西取益州问题上，孙、刘两方还有过节，存在芥蒂。因见当时的益州牧刘璋懦弱无能，纲维颓弛，东吴周瑜、甘宁等人屡劝孙权取蜀。孙权遣使征询刘备的意见，说："刘璋软弱，不能自守，倘若曹操得到蜀地，那么荆州就危险了。所以我们现在打算先攻益州刘璋，次取汉中张鲁，一统南方，那时纵使有十个曹操，也无所忧虑了。"

刘备自己也想取蜀，遂乘伪行诈，假惺惺地回答："益州民富地险，刘璋虽弱，但足以自守。现在若让军队西进蜀、汉，跋山涉水，风餐露宿，转运于万里，想要战必克，攻必取，举措不失利，就是孙武和吴起也难以做到。那些议者见曹操在赤壁失败，就说他已力屈，不再有远念了，然而现今曹操三分天下已有其二，将饮马于沧海，观兵于吴会之地，岂肯守着这个局面坐等年老呢？我们抗曹同盟之间却无故自相攻伐，把机会让给曹操，使敌有机可乘，非是长久之计。况且我刘备与刘璋同为汉家宗室，希望凭借祖上威灵以匡扶汉朝。今刘璋得罪于左右，我独感悚惧惶恐，不敢听从您的计划，愿加宽贷。"

孙权不听刘备之言，派孙瑜率水军移驻夏口。

刘备不允许孙军过境，对孙瑜说："你们若想攻取蜀地，我当披发入山，立马归隐，不能失信于天下人。"于是安排关公驻守江陵，张飞驻屯秭归，诸葛亮据守南郡，刘备自己坐镇孱陵。

孙权不得，把孙瑜召回。等到刘备西攻刘璋时，孙权骂道："这个滑头，竟敢如此怀奸挟诈！"

现在刘备得到益州，有了这么大一块新地盘，孙权就派中司马诸葛瑾到成都，向刘备索求荆州诸郡。诸葛瑾是诸葛亮的亲哥哥，派他前来，也是因为兄弟之情，好说话，办事容易。诸葛亮如今是刘备的军师将军，耳目股肱。

谁知，刘备一口回绝，说："我正打算夺取凉州，等取得凉州后，才能把荆州全部给你们。"

孙权甚为恼怒，曰："这是有借无还，不过是找借口拖延罢了。"遂自己设置长沙、零陵、桂阳三郡的长吏。董督荆州事的关羽不能答应，将东吴派过来的人全部驱逐。孙权大怒，马上派遣吕蒙率兵两万夺取三郡。

吕蒙向三郡发出告知文书。长沙、桂阳两郡皆望风归降，唯零陵太守郝普据城坚守不降。

刘备得到消息后，亲自从蜀地赶至公安，遣关羽争夺三郡。孙权则进驻陆口，节度诸军，命鲁肃率万人屯驻益阳抵御关羽，又急书召吕蒙，让他放弃零陵，火速赶往益阳，襄助鲁肃。

吕蒙接到孙权的命令，却秘而不露。是夜，召集手下将领，宣布了自己的作战计划。次日清晨，在向零陵发起攻击时，吕蒙看到是郝普的老友邓玄之出城迎战，遂对他说道："郝普听闻世间有忠义事，也想效仿，但他不谙时势。现在左将军刘备在汉中被曹军夏侯渊包围，关羽则在南郡，我们主公亲自前来征讨，刘备他们好像首尾倒悬，自救都不及，哪还有余力来救援零陵？如今我已考虑周全，准备充分，必定能攻进城去。城破之后，郝普自己身死了，有什么益处，而且牵连百岁白发老母遭受诛杀，难道不让人痛心吗？我想郝普是得不到外边的消息，以为可以固守待援，所以坚持到现在。你应该回去见他，为陈祸福，晓以利害。"

邓玄之回城见到郝普，把吕蒙的意思全都告诉他。郝普惊惧，出城投降。吕蒙亲自上前迎接，拉着他的手一起下船。两人交谈后，吕蒙拿出孙权的军书命令给郝普看，拍手大笑。

郝普看后方知，刘备已在公安，关羽到了益阳，悔恨得要钻地底下。吕蒙留下一名将领，命他处理零陵事务，当日引军奔赴益阳。

却说关羽率军急匆匆从江陵赶来，在益阳与鲁肃兵马相峙。平常关羽驻守江陵，负责刘备整个荆州地区的防务，东吴鲁肃在陆口驻屯，与他邻界。双方边界交错，免不了发生纠纷，关羽对此甚为敏感，疑窦丛生。鲁肃性情宽厚、大度，时常向他示好，让他安心。今两军摆开阵势，眼看就要刀兵相见，展开厮杀，鲁肃想出一计，准备与关羽会谈，双方能不打仗就不打，要是谈不拢再做安排。

手下将领怕有变故，出什么闪失，劝他不要轻蹈险地。鲁肃毫无畏惧，说道："事到如今，应该把话说清楚。刘备忘恩负义，是非尚未论定，关羽又如何敢害我命？"于是约关羽会面，规定各自在百步以外止住自己的部队，只有双方将领可佩刀相见，单刀赴会。关羽也不含糊，带上单刀，如期赴约而来。

鲁肃首先指责道："孙吴只区区江东之地，而肯以荆州相借，念的是你们兵败远来，无立足之地。现在你们已得了益州，却无奉还荆州之意，我们提出归还江南，你们又不听从。"

话音未落，随同关羽来的一名将领争辩道："说到土地，只有仁德之人才能占有，哪里有一家永远占住不放的道理？"

鲁肃当即大声呵斥。

关羽见状，操刀而起，假装训斥那人："这自是国家大事，他知道什么！"用眼光示意那人离去。又接着说道："乌林赤壁之役，我刘备左将军亲自参战，勠力破敌，难道白辛苦了，不能拥有一块土地？而足下却来收地了！"

鲁肃说："您说得不对。当年我与刘备在当阳长坂坡会面时，你们连曹操一校人马也抵挡不住，计穷智竭，士气低落，已是穷途末路，只想着远逃，决计想不到会有今天。我家主上怜刘备无处容身，才不惜人力、土地，加以庇护，使刘备有了落脚之地，助他渡过难关。刘备却自私虚伪，愆德堕好。现在益州到手了，还抱着荆州不放。这样的事连普通人都不忍做，何况是群雄之主呢！我听闻贪而弃义，必然招致祸患。**我们这些干大事的，做事不能不明道义，如果想妄图用武力欺负弱小，师出无名，又怎么会有好结果？"**

关羽无言以对。

虽说双方会谈没什么结果，但是稳住了局面。鲁肃和关羽两军没有开战，继续在益阳对峙。

这时，听说魏公曹操将要攻打汉中，刘备害怕失去益州，遂派使者向孙权求和。孙权命诸葛瑾答复刘备，愿再度和好。于是双方结湘水之盟，以湘水划界，分割了荆州：长沙、江夏、桂阳以东归属孙权；南郡、零陵、武陵以西归属刘备。

柒

威震华夏的传奇名将

善于利用各种有利条件争取最大利益的人，才是最终的胜利者。

关羽正直刚烈，忠义神勇，确是大英雄，但也有些孤傲，颇为自负。

东汉建安二十四年（219 年）七月，刘备自立为汉中王，在沔阳设坛场，陈兵列众，群臣陪位，宣读奏章，拜受印玺绶带，戴上王冠，立儿子刘禅为太子，提拔牙门将军魏延为镇远将军，领汉中太守，镇守汉川。刘备返回成都主政，任命许靖为太傅，法正为尚书令，关羽为前将军，假节钺，张飞为右将军，马超为左将军，黄忠为后将军，其余人按等级都获得了升迁。

刘备派益州前部司马费诗前来江陵，授予关羽前将军印绶。关羽闻听老将黄忠的地位跟自己一样，大感气愤，说："大丈夫绝不能与老兵同列！"他使起性子，不肯接受任命。费诗劝他道："创立王业者，所用之人不能都一样。昔萧何、曹参跟汉高祖年幼时就相友善，而陈平、韩信都是后来的亡命之徒，可论其班列排名，韩信位居最上，没听说萧何、曹参对此有过怨恨。如今汉中王以一时之功，尊崇黄忠，然他心中，黄忠怎能和您相比呢？况且汉中王与您犹如一体，休戚相关，祸福与共。我认为您不应计较官位高下，以及爵位和俸禄多少。我仅是个使者，奉命之人，您如果不接受任命，我就这样回去没什么问题，只是我为您这样做感到惋惜，恐怕您自己以后也要后悔的。"关羽这才领悟，大为羞惭，立即接受了任命。

当时关羽独自守荆州已有七八年了，作为刘备一方的前阵，时刻面临曹操和孙权的威胁。尤其是北面的曹操，不时南侵，进犯荆州边界。由征南将军曹仁镇守的樊城，宛如一把尖刀，直插南郡，直逼关羽。总体上，关羽在荆州处于守势。

这一年，曹军主力在汉中与刘备交战。东吴孙权又进攻合肥，曹操各州的军队因此都集结在淮南。看到樊城兵力相对空虚，又后备不足，关羽遂决定主动出击。他令南郡太守糜芳守江陵，将军士仁守公安，自己率军向樊城的曹仁发起进攻。曹操听闻，恐樊城兵少，抵挡不住，急命左将军于禁督领七军共三万人去援助曹仁。

于禁时与张辽、乐进、张郃、徐晃俱为曹魏名将，号称“五子良将”。曹操每次出征，都让这五名将领轮换担任先锋或殿后，而于禁带兵尤其严整，曹操特别看重。这次督军来到樊城，曹仁甚为高兴，安排他跟立义将军庞德等人驻守城北，与城内呼应。

庞德也是曹仁军中的一员猛将，骁勇善战。因他兄长在汉中蜀军里，樊城好多将领对他有所怀疑。他自己常说：“我蒙受国恩，义在效死，想亲自攻打关羽。今年我不杀了他，明年他就会杀了我。”当时庞德经常骑白马，关羽手下称他为白马将军，对他很忌惮。

这年八月，天降大雨，汉水泛滥，平地水深数丈。于禁始料未及，所领七路兵马皆是步骑，俱被大水所淹。没办法，只好和将领们登到高处避水。关羽却有备而来，乘着大船前往进攻。于禁等无处可逃，举手投降，只庞德这部人马在堤上坚守，他自己披甲持弓，箭无虚发，自清晨拼力死战，一直到日过中午。关羽的进攻越来越急。跟庞德一起的将军董衡、部将董超等想要投降，都被他所斩。所有的箭都射尽了，他就带头与敌短兵相接，贴身肉搏，转身对督将成何大声说道：“我听闻良将不怯死，不苟且偷生，烈士不毁大节来求活命，今日就是我死之日！”于是更愤怒地投入战斗，胆气更壮。然水势越来越大，越淹越深，将士们大都投降了。庞德与其麾下一名将领、两名伍长持弓，捡过敌人射来的箭，想乘小船返回曹仁军营。小船被大水冲翻，弓矢皆失，只他一人抱住翻船浮在水中，为关羽部下所俘获。

在押往关羽那儿时，庞德很强硬，立而不跪。关羽劝他说：“卿之兄长在汉中，我想用你为将军，为什么不早早投降呢？”庞德大骂道：“竖子，什么叫投降？魏王统兵百万，威震天下。你家刘备不过是个庸才，岂能和魏王匹敌？我宁做国家的鬼，也不做贼将！”关羽大怒，将其斩杀。

解决了樊城外围后，关羽率军向城内发起猛攻。城中进水，处处崩塌，众皆惊恐不安。有人对曹仁说：“今日之危，不是我们的力量所能应对的，应该趁关羽的包围未合，乘轻船连夜退走。”汝南太守满宠说：“洪水来得快，去得也快，希望不会滞留很久。据说关羽已派别的部队到了郏下，许都以南百姓纷扰，混乱不堪。关羽之所以不敢再向前推进，是顾虑我们攻击他的后路。现在如果我军退走，黄河以南地区就不再为国家所有了，您应该在这里坚守以待。”曹仁这才坚定下来，说一声：“善！”于是沉白马于河中，与将士们白马盟誓，同心固守，将士深受激励。

樊城中人马只有数千，未被水淹没的城墙也仅有几尺高。关羽乘船至城下，立即将樊城重重包围，使其内外断绝。他又派别将把曹魏另一名将军吕常包围在襄阳。曹荆州刺史胡修、南乡太守傅方都投降了关羽。

在许都的曹操得知樊城战况，一方面为整个形势感到担忧，另一方面也为庞德不屈而死甚感悲痛，流出泪来，马上封他的两个儿子为列侯。之后，曹操的儿子曹丕即王位，遣使到庞德墓赐谥号为壮侯，又赐他儿子庞会等四人关内侯爵位，各食邑百户。

对于于禁，曹操当时也有感慨，哀叹了许久，说道：“我和于禁相知三十年，哪想到临危处难时，反而不如庞德呢！”于禁降后，被关羽关押在江陵，之后他归附于东吴。曹丕废汉称帝后，孙权称藩，臣服于魏，将于禁遣送回去。曹丕见他须发皓白，面容憔悴，流泪顿首，便安慰他，封他为安远将军。一次，曹丕想派于禁出使东吴，先让他北去邺城拜谒曹操高陵，预先让人在陵堂画“关羽战克、庞德愤怒不屈、于禁降服”的情形。于禁一看，羞愧愤恚，发病而死。

对关羽来说，这次樊城之战可称完胜。尤其是水淹七军，虽说实因天时，大雨滂沱，汉水陡涨，非关羽用计蓄水，然后进行决堤水攻，但这一仗打得也着实精妙，战果辉煌。不仅给曹军以重创，梁、郏、陆浑一带的豪强武装也都纷纷接受关羽的号令。关羽因此声动中原，威震华夏。

捌

英雄也有末路时

傲慢和偏见是人性中最可怕的陷阱。

眼见关羽攻势凶猛，樊城岌岌可危，直接威胁到许都，曹操急得打算迁离，以避其锐。时任太子中庶子的司马懿和丞相主簿西曹属蒋济则认为，于禁七军为水所没，不是守战之失，于国家大局并没有大的损害。倘若为此而迁都，既是向敌示弱，又会引起淮河、汉水一带人心不稳。刘备与孙权外亲内疏，现在关羽坐大成势，得意扬扬，非孙权所愿，可派人去劝说孙权，以割让东南诸郡给他为条件，让他从背后袭击关羽，樊城之围自然可解。曹操听从了这一建议。

不过，还没等曹操派人去，孙权就跟关羽打起来了。当初，鲁肃劝过孙权，由于曹操势大，应当暂且安抚、结交关羽，与之同仇敌忾，不能失和。他自己也是这样做的。以后吕蒙代替鲁肃驻屯陆口，认为关羽骁勇，素有兼并江南之意，况且他的军队在孙吴上游，这种平稳形势难以持久，遂秘言孙权："如果现在令征虏将军孙皎守南郡，潘璋驻守白帝，蒋钦统流动部队一万人沿江上下活动，哪里出现敌人，就在哪里应战，而我在前据守襄阳。如此，何必担忧曹操？何必依赖关羽？关羽君臣虚伪诡诈，反复无常，不可以真心相待。现在关羽之所以未立即向东进攻我们，是因为您圣贤英明，以及我和其他将领还在。若不趁我们强壮时解除这一后患，一旦我们死去，再想跟他较量，还有可能吗？"

孙权说："现在我想先攻取徐州，再攻关羽，怎么样？"

吕蒙答道："如今曹操远在黄河以北，安抚幽州、冀州，未暇东顾，徐州地区守军不值一提，前去进攻，就可以占领徐州。然而陆地交通方便，适合骑兵驰骋，您今日夺取了徐州，曹操十日后定来争夺，尽管用七八万人防守，仍会令人担忧，不如先击破关羽，完全占据长江，我们的势力更加壮大，也就更容易守卫了。”孙权甚是赞同。

对于关羽，孙权也非常厌恶，甚至忌恨。此前，孙权曾遣使到关羽那儿，求他将女儿嫁给自己的儿子。关公大骂来使，拒绝通婚，孙权甚是恼怒。等到这次围困樊城，关羽考虑到自己兵力不足，本打算请孙权出兵相助，孙权也派出部队来了，却让部队缓慢前进，遣自己的主簿先到关羽营帐说明情况。关羽怨其行动迟缓，又加上自己刚打了一场胜仗，水淹了于禁七军，有些盛气凌人，遂大骂道：“你竟敢这么做！等我攻破了樊城，看我怎么灭你！”孙权听闻，知道这家伙看不起他，于是伪造手书一封，假意承诺自己将亲率军队前往。

这时吕蒙向孙权上书说：“关羽征讨樊城，却留下很多军队防守，一定是怕我从后面进攻他。大家都知道我身体不好，经常患病，请您允许我以治病为名，带一部分兵士回建业，关羽知道后，必定撤走防守部队，将其全部调往襄阳。此时，我大军昼夜乘船溯江而上，趁他防守空虚，进行袭击，南郡就可攻取，关羽也会被我擒获。”于是，吕蒙自称病重。孙权则明令将他召回，暗中与他计议。吕蒙顺江而下至芜湖时，定威校尉陆逊对他说：“关羽和您的防区相邻，您为什么要远远离开，以后不会为此而担忧吗？”吕蒙说：“的确如您所言，可是我病得很重啊！”

陆逊说：“关羽骄矜自负，凌驾于人，刚刚取得大功，意骄志逸，一心向北进攻，对我军没有疑虑，又听说您病重，必然更无防备。如果出其不意，就可将他擒服。您见到主公，应该妥善筹划此事。”

吕蒙言道：“关羽素来勇猛，我们很难与他为敌，况且他已占据荆州，大施恩德和信义，再加上这次战功，胆气更盛，不易对付。”

待吕蒙回到建业，孙权询问：“谁可以代替你呢？”吕蒙答曰：“陆逊深谋远虑，有能力担负重任，终究可以大用。而且他现在没有大名声，不是关羽所顾忌的人，没有人比他更合适了。如果用他，应该要他对外隐藏锋芒，细观形势变化，寻找可乘之机，然后进攻敌人，就可取得胜利。”孙权于是召陆逊，任他为偏将军、右部督，以接替吕蒙。陆逊写信给关羽，对他大加称颂，自己则甚为谦恭，表示愿意与他结交，将自己的前程托付于他。关羽因此安下心来，不再有任何嫌隙，逐渐撤出后方部队赶赴樊城。陆逊将全部情况报告给孙权，陈述擒服关羽的主要计策。

在樊城前线，关羽获于禁等降军数万，军粮不足，便擅自取用孙权存放在湘关的粮米。这下，正好给孙权找到了攻取他的理由。在确定统兵主帅时，孙权想以征虏将军孙皎和吕蒙为左、右都督，吕蒙说：“如果您认为征虏将军有才能，就任用他为统帅；若认为我有才能，就任用我。从前，周瑜和程普为左、右都督，督兵攻江陵，虽然主要是由周瑜做出最终决定，然程普倚仗自己资格老，而且二人都是统帅，与周瑜产生不合，几乎坏了国家大事，这正是现在要引以为戒的。”孙权醒悟过来，对吕蒙说：“就以你为大督，让孙皎做你的后援。”

曹操派平寇将军徐晃驻屯宛城援助曹仁。于禁兵败后，徐晃率军向前推进至阳陵陂。关羽遣兵一部驻屯偃城。徐晃既到，顺着一条围绕偃城的隐秘小径，掘出一道长壕，以示要断其后路。关羽守军便烧毁营地退走了。徐晃随之占据偃城，两面连营，逐步向前推进。此前曹操安排议郎赵俨参与曹仁的军事部署，这时他随徐晃所部一同前进，其余救兵尚未赶到。单凭徐晃一支部队是不足以解樊城之围的，他手下的将领们却大呼小叫，责备于他，催他快速前进。赵俨遂对将领们解释道："如今贼兵已将樊城团团包围，水势仍然很大，我们兵力单薄，又与曹仁隔绝，不能合力，这一举动恰会使城里城外都受伤害。现在不如慢慢向前靠近关羽的包围圈，再派遣间谍通知曹仁，让他知道外援已到，以激励守城将士。算来曹仁被围未超过十天，还可以坚守，然后我们里外一齐发动，定能打败关羽。假如有缓救之罪，我替诸位承担。"听罢，将领们都很高兴。徐晃在距关羽包围圈三丈之外的地方扎下营地，通过挖地道和射箭书通知曹仁，屡次沟通消息。

这时的孙权想讨好曹操，遣使送来一封书信，说他要派兵西进，讨伐关羽。江陵、公安两地十分重要，关羽如果失掉了这两座城池，一定会自动奔逃，樊城不救自解，但不要把消息泄露出去，使关羽有所防范。

曹操询问群臣，群臣都说应当保密，独董昭持不同见解，说："**军事行动，注重权变，要合乎时宜。**我们应当答应孙权为他保密，但在暗中将消息泄露出去。关羽知道孙权来信的内容后，若要回兵自护，樊城之围速解，我们便可获利。同时，可使孙权、关羽像两匹被勒住马衔的斗马一样，相互敌对而动弹不得，我们就可以坐等他们筋疲力尽。如果保守秘密不泄露，让孙权如愿以偿，不是上策。另外，樊城被围的将士不知救兵将至，算算城中粮食不足以持久，心中难免惶恐。倘若再产生其他想法，危害不会小，所以还是泄露出去为好。何况关羽为人强悍，自恃江陵、公安两城坚固，不会很快退兵。”曹操深表赞同，立即下令让徐晃将孙权的书信用箭射入围城之内关羽军营中。被围的将士得到书信后，斗志倍增，关羽也果然在撤兵问题上犹豫不决、徘徊不定。

曹操欲亲自从洛阳南下解救曹仁，属下臣僚都说：“您若不迅速行动，曹仁就要败了。”侍中桓阶却问道：“主公认为曹仁等人能否预料形势？”曹操曰：“能。”桓阶又问：“您是怕曹仁、吕常他们二人不尽力吗？”答曰：“不是。”“那您为什么要亲自去呢？”曹操说：“我是担心敌人太多，而去救援的徐晃等人力量不足。”桓阶说：“如今曹仁等身处重围之中，仍然死守，无甚二心，实是因为有您这强大的外援。身处万死之地，必有拼死抗争之心。城内将士拼命抵抗，城外有强援，您执掌六军，显示我们还有多余的军力，何必担心失败而亲自出征呢？”曹操对桓阶的话很认同，于是在摩陂驻扎，先后派遣殷署、朱盖等统领的共十二营军队增援徐晃。

在距樊城不远的围头和四冢，关羽都派驻了部队。徐晃于是扬言进攻围头，却秘密攻打四冢。关羽见四冢危急，便亲自率领五千步骑兵出战。徐晃应击，将其击退。关羽在战壕前围有十重鹿角，徐晃追击过来，二人都进入关军对樊城的包围圈中。经过激烈战斗，原投降关羽的胡修、傅方被杀死，包围圈被打破。关羽撤围退走，然其船只仍据守沔水，去襄阳的路隔绝不通。

吕蒙率军到达寻阳，将精锐士卒全部埋伏在船中，让人扮成百姓摇橹，船上的人都穿商人的衣服，昼夜兼程，将关公在江边所设哨所的官兵全部俘虏。是为“白衣渡江”，关羽对吕蒙的行动一无所知。

玖

败走麦城，关公被害

成事最怕用错人，赚钱最忌看错人。

吕蒙来到荆州之后，便派人去劝降负责镇守荆州的蜀汉集团重要人物——麋芳。

麋芳是很早就跟随刘备起兵的“蜀汉元老”。他来自一个商人家族，其家族早年间资助刘备颇多。刘备在占据荆州之后，对麋芳委以重任，任命他为南郡太守。除了关羽，麋芳应该算是荆州的“二号人物”了，可以说是荆州最强“关系户”。

作为太守，麋芳很不合格。在他的管理之下，荆州城失火，还把军械库烧掉了，给关羽的军队造成了极大的“财产损失”。关羽看在他是元老的面子上，只是加以斥责，没有追究责任。

关羽出征之后，麋芳负责给前线运送物资，但他总是“缺斤少两”，不能按照关羽的要求把足量的粮食、武器运到前线，这让关羽非常生气。

关羽放出话来，“回去后就惩处他”，麋芳因此担惊受怕，提心吊胆。所以，当吕蒙进抵江陵之后，麋芳干脆痛快地投降了。

就这样，吕蒙兵不血刃地占据了公安和江陵，荆州南郡之地以这种形式归还了东吴。进入江陵城后，吕蒙将被囚的于禁释放，俘虏了关羽及其将士们的家属，皆给以抚慰，又约令军中，不得骚扰百姓，不得索取财物。吕蒙帐下有一亲兵，跟他是同郡人，拿了百姓家一个斗笠，用来遮盖官府的铠甲。铠甲虽系公物，但吕蒙仍认为他违犯了军令，不能因为与之是同乡就破坏军法，便流泪将这个亲兵处斩了。于是全军震恐，江陵因此路不拾遗，非常稳定。吕蒙还于早晚安排亲近之人去慰问和抚恤耆老，询问困难，有病者派医送药，饥寒者送粮送衣。关羽府中所藏财宝，也全部封存，等候孙权前来处理。

关羽得知南郡失守，立即撤围南还。曹仁召集将领们商议下一步行动，都说："现在关羽身处困境，心怀恐惧，可派兵追击，将他擒获。"

赵俨说："孙权侥幸趁关羽与我军鏖战之机，攻其后路，又顾忌关羽率军回救，怕我军趁其双方疲劳时从中取利，所以才遣使修书，讨好我们，不过是观衅而动罢了。今关羽已是势单力孤，正仓促奔逃，我们更应让他继续去祸害孙权。如果我们对关羽穷追不舍，孙权就将改弦易辙，由防备关羽改为给我们制造祸患了，主公必将对此深为忧虑。"于是，曹仁下令不要再穷追关羽。

曹操知道关羽退走，唯恐将领们追击他，也果然迅速给曹仁下达命令，如赵俨所判断的一样。

在回撤江陵途中，关羽多次派人到吕蒙那儿打探情况。吕蒙每次都厚待来使，允其周游全城，到关羽属下各家进行问候。有的家属亲笔写信托使者带走，有的口传音信，以示平安。等使者返回后，关羽部属私下向他探问家中情况，都知家门无恙，衣食不缺，所受待遇超过以前，因此关羽的将士人人自安，皆无战心。

这时，孙权抵达江陵，安排占领南郡之后的事宜。他首先安抚归附的荆州文武官吏，派人平息武陵叛乱。又任吕蒙为南郡太守，封孱陵侯，赐钱一亿，黄金五百斤，以陆逊兼领宜都太守。

东汉建安二十四年（219 年）十一月，汉中王刘备所置宜都太守樊友放弃宜都郡而逃，所辖各城长吏及各少数部族君长、酋长都归降了陆逊。陆逊请求以金、银、铜制的官印授予刚刚归附的官吏，并发兵进击刘备的将领詹晏及世居秭归、拥兵自重的大族，将其全部击溃，使他们归降，前后斩首、俘获以及招降之人数以万计。孙权又任命陆逊为右护军、镇西将军，晋封为娄侯，让其率兵驻屯夷陵，守卫峡口。

此前，关羽曾连呼驻屯上庸的蜀将刘封和孟达，让他俩赶紧发兵援助。上庸离他这儿最近，能最快赶来的部队也就这一支了。二位却以上庸新近归附，不可轻举妄动为由，抵抗关羽命令，拒绝发兵。这么一来，关羽西无援军，北有曹操所阻，南、东为孙权所断，陷入腹背受敌、孤立无援的困境。没办法，他只好西走，困守麦城。孙权派人诱降，关公假装答应，将幡旗做成人像立在城墙上，然后逃了出去。士兵们都跑散了，跟随他的只剩十余骑。孙权却早已事先命令朱然、潘璋等人切断他的去路。

十二月，潘璋部下司马马忠在章乡将关羽和他儿子关平擒获。起初，孙权打算保全关羽性命，让他归附，为己所用，以敌刘、曹。手下的人都说："狼子不可养，后必为害。以前曹公俘获他时没有立即斩草除根，结果为自己留下大患，乃至于目前商量迁都之事。现在我们怎可以让他活着？"孙权遂痛下决定，在临沮斩杀关羽及其子关平，将他的头颅割了下来，以诸侯礼葬其躯骸于当阳城外，就是现在的关陵，也被称为"大王冢"。

是时，孙权臣服于曹操，称藩。曹操表荐他为骠骑将军，假节，领荆州牧，封南昌侯。这是为了表功，也是为了嫁祸于人，以邻为壑。

关羽死后，头葬河南洛阳，身葬湖北当阳，山西解州老家人为其建衣冠冢，并立庙以祀。因此，有关羽**"头枕洛阳，身卧当阳，魂归山西"**之说。

拾

越传越灵验的护财之神

发财难，护财更难。如果不能保护财产，后果不仅是损失钱财那么简单，会招来更大的祸患。

关羽作为财神的形象出现得比较晚，但影响力却不小。

关羽能成财神，主要起于民间信奉，约定俗成，相沿成习。关公是民间自造的财神。首先把关羽当成财神的，可能就是他的山西老乡。

明清时期，民间商业活动繁荣，特别是晋商，经营盐业、票号，兼营粮、棉、木、茶、丝绸等，走南闯北，遍布全国乃至海外，需要一名得力之神护佑。于是，他们找到了山西老乡关羽，虔诚地将他供奉起来。

晋商供奉关公关财神，除了有老乡这层关系，还因关公本事大、能量高、敢担当、善作为。据称，关公生前很会理财，长于会计业务，曾创笔记法，发明日清簿。此种计算方法设有原、收、出、存四项，非常详明清楚，后世商贾公认关公是会计专才，财务大家。**商贾谈生意、做买卖，最重义气和信用，关公信义俱全，诚实忠厚，公平、公正、合理，故尊奉之。**商贾希望生意受挫时能像关公一样，来日东山再起，争取最后的成功。

明嘉靖四十五年（1566年），有位秦姓商人与人合伙做买卖。由于经营不善亏损，欠下姓正的商人三百两纹银。这位秦姓商人一向敬奉关公，知道欠债还钱。为了表示诚意，他事先写下一张欠条，放到关公像的顶板上。第二天，他约正姓商人到关帝像前发誓："我秦某是重信守义之人，关公老人家作证，我必还此钱。"同时恳求正姓商人暂时先别追要，给他一些时间，正姓商人也就同意了。几年以后，这位秦姓商人时来运转，发了大财。他又约正姓商人来到关帝像前，交还所欠银两及利息，然后磕头礼拜，表明自己不负他人。正在此时，一阵风吹来，原先放在顶板上的欠条徐徐飘落。正姓商人一看，大为感动，说秦姓商人真信士也。于是二人在关帝像前永结生死之交。

从中可以看出，信奉财神关公的商人注重信义，恪守诚信之本。清乾隆时期，商人们曾把共同制定的行规刻在碑上，其中对欺骗顾客的行为处罚很严厉，而处罚方式看起来有趣，实则饱含深意——罚戏。被判定有欺诈行为的商人要出钱请戏班来演出，关庙对面就是戏台。演戏给人看，更重要的是向关公他老人家请罪，接受训诫，殷鉴不远。商家、大户人家在摆放关公财神像时，通常要面向屋外，或朝向大门，一方面可以招财进屋，另一方面又可镇守门户，阻挡外邪，将财富保护起来。由此可知，财神关公的主要职能是“护财”，而非一般意义上的“保您发财”。当然，信义为先，利取正途，取财有道，见利思义，最是经商之本，也是向财神爷求财的应有之义。

说不清是晋商造就了关公的财神形象，还是关公成就了晋商，反正晋商们财源广进，生意越来越红火。其他地方的商人也便纷纷效仿，奉关公为财神。不仅如此，受各大商帮尊奉关公之风影响，市井百业也争相迎神入门，祭奉起了关公。有的行当尊其为保护神，有的干脆奉其为行业祖师。

皇帝财神

柴荣

——五代第一明君

当一个人开始渴望财富并懂得如何使用财富时，才算真正『觉悟』。

壹

家道中落的皇亲国戚

谨慎处理财富，才能积累更多的财富。贪婪和恐慌是通往财富之路的绊脚石。

柴荣出生在一个与皇帝有亲戚关系，关系却又没有那么密切的家庭。他的姑姑柴氏是后唐庄宗李存勖的后宫成员。柴氏的地位是嫔御，这个位置高于宫女，却不算是正式的妃嫔。柴氏进宫，自然是带着父兄强烈的愿望的——扭转家族的命运。

可惜的是，李存勖更适合当个将军，他在政治方面并不敏感。他的皇后刘玉娘有极大的权力，一边敛财，一边干政，李存勖根本不管。至于后宫，也是名存实亡。李存勖这个皇帝极少临幸其他妃子，在李存勖当皇帝的三年里，根本没与柴氏见过几次面。

登基还不到三年，李存勖与皇后就因为克扣军饷、大肆敛财、建造宫室，搞得天下大乱，兵变四起。最后，李存勖死于他提拔为指挥使的伶人郭从谦之手。

李存勖死后，他的义兄李嗣源当了皇帝。新帝登基，后宫中品级较低的宫女、嫔御被放出宫来，以展示新皇的仁慈。柴氏的母亲接她回家，在路上遇见了改变柴氏一生、改变柴家数百年命运的人。

那一日，柴氏一家打算在渡口过黄河。没想到，风雨大作，数日不止，柴氏一家只好去附近一家客店休息。店中还有其他几位客人，其中一个汉子身材高大，仪表堂堂，但却衣衫褴褛。柴氏对其一见倾心，便打听此人是谁。客店主人告诉柴氏，这人名叫郭威，原本在洛阳做军官，很受先帝赏识。先帝驾崩后，才流落至此。他身上有一处麻雀文身，因此人们都叫他郭雀儿。

尽管柴氏的父母很不愿意，但柴氏态度坚决，父母也只好任由她嫁给了郭威。两人就直接在客店成亲，郭威就成了柴荣的姑父。

郭威是个有本事的人，但毕竟是个军人，见识不多，心思粗犷，上马打仗是一把好手，但要说发展人脉、在官场上步步高升，他是一丁点儿都不懂。柴氏在宫中看多了尔虞我诈，自然懂得人际关系的重要性。她拿出一大笔钱给郭威，要郭威和实权军官交好。果然，没多久，郭威就成了禁军将领刘知远的亲信。刘知远后来建立了后汉，郭威也当上了枢密使，成了一位高官。

柴家有柴氏、郭威这样的靠山，又如何会家道中落呢？邢州地区战乱频繁，很难有稳定的生计。柴氏兄弟柴守礼虽然会赚钱，但更会花钱。从柴荣称帝后柴守礼的表现来看，挥金如土、荒淫无度是对他最合适的形容。在社会环境稳定的时候，他自然能做到收支平衡，甚至还有盈余，但到了战乱时期，钱财就出得多、进得少了。柴守礼连自己都照顾不好，就更别提儿子了。正好柴氏与郭威始终没能有爱的结晶，于是柴守礼就把儿子过继给了郭威家。

柴氏与郭威是真心相爱，郭威又是靠着柴氏的嫁妆飞黄腾达的，因此郭威对小柴荣极好。柴氏也很喜欢这个侄子，不惜花钱请各方先生为柴荣上课。在这段时间，柴荣饱读史书，文韬武略一样都没有落下，还学了不少经典。

在郭威还没发迹之前，他只是一名官职不高的武官，但因为要结交好汉，四处应酬，花钱如流水一般，即便柴氏带来了不少嫁妆，也禁不住坐吃山空。于是，柴氏就决定让自己逐渐成长的侄子柴荣打理家中财务。

由于有柴守礼这样一个反面教材，柴荣对于金钱的支配十分谨慎。他处处精细、小心，生怕花钱多了。少年柴荣又通过姑姑柴氏和姑父郭威学会了不少人情世故，知道什么钱可以省，什么钱不能省。因此，柴荣对于郭府钱财的支配，让他显得为人厚道又小心谨慎，这让郭威喜欢得不得了。没多久，郭威就正式提出要收柴荣为养子。

唐朝和五代时期，收养子是一件很寻常的事情。几乎各大节度使都有养子，据说唐朝开国名将张亮的养子有五百人之多。因此，父母尚在给人当养子也不算什么丢脸的事情。但是，从那以后，柴守礼就不是柴荣的父亲了，他跟柴守礼就是甥舅的关系。亲父亲变成舅舅，这也是柴荣登基以后始终没与柴守礼相见的原因。

对于年少的柴荣来说，管理好财务是他能做到的极限。但这对于郭家来说，只能算是节流。如果不能开源的话，始终不能从根本上解决问题。等到柴荣年纪稍大一点，郭威就让他跟着一个叫颉跌氏的大商人学习经商。这位商人的主要经营项目是茶叶，把茶叶从江陵倒卖到其他地方。

在五代时期，江陵隶属南平国。这个国家虽然不大，却地处南北要道，地理位置非常重要。南唐和后蜀是产茶最多的两个国家。正是因为茶叶产量很高，政府将茶叶当成重要的经济支柱。买卖茶叶，商人要缴纳大量的赋税。这两个国家的茶叶虽然又多又好，但没有利润，商人怎么会去购买呢？

茶叶的其他产地都地处偏远的小国，商人如果将当地的茶叶贩到中原地区，不仅利润微薄，还要冒在海上泛舟的风险。幸好有江陵这样一个交通要道，小国的商人会将茶叶带到江陵贩卖。但是，前往江陵购买茶叶也不是全无风险的。

南平政权由高季兴创立，他始终没有称帝，一直以藩镇自居。南平的地理位置特别重要，几大政权相互制衡，高季兴一派在表面上非常恭顺，居然作为最弱的政权在夹缝中存活了下来。

高季兴父子的恭顺只是表面上的，因为各国之间的关系非常复杂，经常出现臣属的关系，属国向主国进贡是很常见的事情。因为南平地处要道，进贡的队伍经常要经过这里，高季兴就派人冒充土匪，打劫贡品。主国的贡品被打劫了，他们往往对南平也无可奈何，毕竟损失不大，高季兴姿态又低，只能笑骂一句“高无赖”了事。

这无疑加重了来往客商的负担，客商们料不准什么时候就会被打劫。再加上南平的茶税虽然没有其他地方那么高，一路走来却还是要数次被税吏盘剥，行商同样十分艰辛。柴荣就是在这样的背景下，从一个少年长成了青年，并且积累下了大笔财富，成为远近闻名的大富商。

贰

弃商从戎承帝位

有多大的心胸，就能做出多大的事业。有多大的事业，就能积累多少财富。

命运是否可以被预见？人们可以根据逻辑、能力、成长曲线大致判断一个人的未来，但对于当皇帝这种不仅需要能力，还需要运气的事情恐怕难以推断。自古以来，关于帝王命运被人预测的故事就屡见不鲜，柴荣也不是例外。

相传，在柴荣与颉跌氏前往江陵贩茶的时候，他们遇见了一个算命先生。有人说此人是五代时期有名的王处士，也有人说他是还没得道成仙的陈抟。柴荣见有算命先生，就打算问问吉凶。没想到，他刚走到卦摊前，对方就朝他五体投地地跪拜下来。

柴荣吓了一跳，赶紧问他为什么要拜自己，对方则说："我家先祖告诉过我，要是在算卦的时候，卦签自己跳出来，说明此人贵不可言。但在您走过来的时候，卦签不仅自己跳了出来，甚至立在桌上不倒，恐怕您就是未来的天下共主了。"

柴荣假装不高兴，怒斥了算命先生，但内心对这件事情却很欢喜，直到晚上还念念不忘。他忍不住问颉跌氏："今天算命的说我是真龙天子、天下共主，如果真的有那么一天，你想要什么官职呢？"

颉跌氏稍稍思考，就给出了自己的答案："我做生意有三十年了，一次去京城的时候，发现税务官只要坐着，钱便源源不断地被送过来，一天的收入就不少，顶得上我几个月的奔波，真是令人羡慕。如果真的有一天你当了天子，那就给我个税务官当当吧。"

两人闲聊的时候，恐怕没有想过有一天这段谈话能够成真。但世界上的事情就是这么难以预料，几年后，两人就真的得偿所愿了。

郭威帮助刘知远建立了后汉，之后稳定政权、抵御契丹入侵，立下了汗马功劳，河北地区都归他节制。刘知远因为大儿子刘承训的死郁郁寡欢，没多久就病死了。刘承祐继位，史称后汉隐帝。

刘知远临终前留下了几位托孤大臣，希望他们能辅佐刘承祐，匡正刘承祐的王室。刘承祐继位后，数次想要安排外戚外出担任地方大员，都被托孤大臣否决，这与刘承祐所想的大不一样。当了皇帝，他怎么就处处被人掣肘了呢？于是，他开始动手除掉几位托孤大臣。

郭威远在魏州，刘承祐派人前去诛杀他。半路上，郭威就得到了消息。为了自保，他只能举兵造反。可惜的是，刘承祐将郭威留在京城中的家人尽数杀死，郭威剩下的亲人就只有和他一起在外从军的柴荣。

行军作战郭威是有真本事的，除掉了几位托孤大臣、身边只有小人谗臣的刘承祐如何能与之抗衡呢？郭威很快就打到了京城。刘承祐仓皇出逃，被叛徒杀死。不久，郭威建国大周，当了皇帝，史称后周太祖。

郭威称帝的第二年，因为病重卧床不起，临终前传位于柴荣。就这样，柴荣在三十三岁的时候登基为帝，史称周世宗。

柴荣登基时正值壮年，满怀雄心壮志等着施展。但是，他与五代时期的其他皇帝有着巨大的不同。五代时期天下大乱，处处烽烟，小到个人，大到国家，都以武为尊，尽力保护自己。柴荣则不同，他是个真正以天下苍生为己任的皇帝。

刚刚继位不久，柴荣就询问左谏议大夫王朴："朕能当几年皇帝？"王朴回答："臣才疏学浅，通过现有的知识推算，只能推算到三十年，再之后的事情就不知道了。"王朴擅长观察星相，柴荣就信以为真。他高兴地以为自己至少有三十年帝位，说："真如爱卿所言，朕将用十年时间开拓天下，用十年时间养育百姓，再用最后十年实现天下太平，打造盛世。"

王朴对于预言未来这件事情显然是没什么本事的，柴荣仅在位六年就病故了。但是在这短短六年里，他为未来的太平盛世打下了坚实的基础。

叁 大刀阔斧地改革

合理制订计划，从根基着手，就能为迈上财富之路打下坚实的基础。

柴荣继位后，发现后周这个国家虽然强大，但与他理想中的国家差得太远。且不说他想要打造太平盛世，就眼前的情况来说，仍有许多不尽如人意的地方，应该马上动手改造。只有将这个国家进行全方位的改造，才能够保证国力越来越强，将来一统天下。

于是，柴荣从经济、宗教、军事、政治、法律等方面开始了大刀阔斧地改革。或许是之前经商时养成的习惯，这些改革全都是围绕一个“钱”字进行。

柴荣在法律上进行的改革，承袭了郭威对法律的改革。五代时期，战乱频繁，各国法律并不一致，互相借鉴，导致条文烦琐、难懂。贪官污吏可以咬文嚼字，找到对自己有利的条文进行解读，玩弄律法。更何况乱世时期各国都倾向于用重典镇压百姓，严刑峻法让百姓苦不堪言。

郭威在位时期，废除了许多严酷的法律，让百姓能更好地生活。柴荣继位后，更是授意手下能臣重修《大周刑统》，让律法条文清晰易懂，减少贪官污吏钻空子的可能性。这在某种程度上解决了官员腐败的问题，增加了收入，减少了坏账。

柴荣对于百姓是宽容的，对于官员也赏罚分明。如果大臣立下功劳，他不吝赏赐；对于犯错的官员，也愿意在训斥之后再给一次机会；唯独对那些贪污受贿和尸位素餐的官员，是绝对不姑息的，即便他们只犯了一点小错，也会严惩。

大将孟汉卿在征收稻草税的时候多收了些，柴荣知道后就判了他死刑。柴荣身边的宦官孙延希被派去管理修建永福殿事宜，柴荣去视察时见民工吃饭时用瓦片当碗，树枝当筷子，当场就下令处死孙延希。

五代时期，皇帝、官员为了利益盘剥百姓是一种常态，只有柴荣等少数皇帝才明白百姓的重要性。一个国家只有人口数量到了合理的程度，农业生产才能得到迅速发展。为此，柴荣施行了一系列土地政策。

柴荣发布公告，招揽各国因战乱四处流亡的人民。此时的中原地区已经有大量的无主土地，国家拿来也不能耕种，不如分给流民，用土地绑住他们。这一措施让后周的农业生产迅速得到恢复，流民数量大大减少，社会因此稳定，政府收入也增加了。

有了土地，百姓的生活算是有了一定的保证。但纳税大户永远轮不到这些分到一点农田的农民，想要增加财政收入，就要提高百姓的积极性，想办法从逃税大户身上下手。于是，柴荣颁布法令，免除了百姓欠下的赋税，取消了一些苛捐杂税。随后，百姓按照实际拥有的田亩数量缴纳夏秋两税。这样一来，百姓身上的负担轻了，高门大户想要逃税也有了难度。

恢复人口、增加可用土地的另一个办法就是整治宗教。五代时期，僧侣享有特权，占有大量土地却不需要纳税，而且不需要服兵役。许多人出家为僧，与信仰无关，只是单纯地想要逃避纳税和服兵役。随着僧侣数量的增加，庙宇的数量也在增加。在后周时期，庙宇有三万余座。

柴荣颁布法令，要求彻查哪些僧侣是有度牒的真僧侣，哪些是为了逃避服兵役和纳税的假僧侣。真僧侣和其所在的寺庙一切如故，那些假僧侣必须还俗，所在寺庙也要被废除。民间囤积居奇的大量铜器和佛像被熔毁重铸，增加了国家的铜储备，保证了市面上货币能正常流通。

政治上，柴荣吸取了郭威的教训，不特别宠信哪个大臣，不将定夺军国大事的权力下放到大臣手中。偏听则暗，兼听则明，他常常要求大臣就国家政策撰写文书，亲自收集意见。

柴荣深深地明白人才的重要性，因此他常常要求大臣举荐贤能。只要人品、才能上佳，即便被举荐的人是大臣的亲戚也可以。要是被举荐的人做官后贪赃枉法、鱼肉百姓，举荐者也要连坐。

如果对方真的是人才，柴荣提拔起来也毫不犹豫。他不喜欢论资排辈，更不喜欢从出身看人。魏仁浦就是柴荣一手提拔起来的宰相，但是有很多大臣反对，认为魏仁浦连科举都没参加过，怎么能当宰相呢？柴荣则回答，历史上那些赫赫有名的宰相，每一个都是科举出身吗？最终还是提拔了小吏出身的魏仁浦。

一个国家需要的官员是很多的，仅仅靠推荐选拔出来的官员远远不够。由于战乱的关系，重武轻文已经成了五代的主流，科举制度名存实亡。柴荣与其他皇帝不同，他在位的时候不仅每年都要开科举，更是为专业人才开设了制科。

早年间，柴荣以茶商的身份周游列国，对于水利、漕运的重要性心知肚明。如今，他当了皇帝，自然要在这方面大展拳脚。在位期间，他命人治理了黄河水患，在沿岸兴建水利设施；疏通了葫芦河，打通了原本已经淤塞的黄河水道。

柴荣的举措极大提高了开封地区的繁荣程度，不管是山东来的货物还是江淮地区的粮食，都能轻而易举地从水路被运送到开封。以至于柴荣在位期间，开封已经是能与洛阳、长安并驾齐驱的大都市了。再加上其都城的重要地位，开封在当时就是整个中原地区的中心。

在军事上，柴荣对军队进行了整顿。巡查禁军的过程中，他发现军中士兵以年老体弱居多。军官态度傲慢，肆意妄为；士兵行事懒惰，自由散漫。靠这样的士兵，怎么能打胜仗呢？更何况，这些人不从事生产，还要拿着军饷。柴荣算了一下，大概一百个农民缴纳的赋税才能供养一个士兵。花钱养精兵值得，花钱养这样的士兵，完全不值得。

于是，柴荣下令裁掉年老体弱的士兵，从全国范围内抽调精兵组成禁军，申明军纪，严格训练。这一举动裁撤了大量毫无战斗力的冗兵，不仅减少了支出，还让禁军变得更能征善战。被裁撤掉的士兵回到各地，成为地方上需要的劳动力，又促进了农业发展。这一举动可以说是开源与节流同时进行，为国家增加了大量收入。

肆 皇帝财神

聪明人会用雄心来治愈雄心。他的目标是高尚的，财富、地位和恩惠都无法使他满足。

皇帝的形象多种多样，明君、昏君、暴君、庸君，不管是哪一种，人们都很少能将其与财神的形象联系起来。不管这个皇帝有多好、多英明，他都要从百姓手中拿钱，而不是把钱送给百姓。唯独柴荣是个例外，他是诸多财神中唯一的皇帝财神。

柴荣这位皇帝财神，主要是在中原地区被信仰，是矿工、窑工、建筑工的“保护神”。这可能与他斩了那个克扣民工的太监有关。他在民间虽然被当作财神崇拜，但却很少有人称呼他为财神。人们亲切地称呼柴荣为“柴王爷”。

在古代，柴、米、油、盐是生活必备品，其中“柴”排在第一位。柴就意味着火，既可以烹煮食物，也可以带来温暖。野兽畏惧火焰，柴也能为在外露宿的人提供保护，避免他们被野兽袭击。因此，“柴”是安稳生活的必备品，带给人们温暖和安全感。一声“柴王爷”，体现了百姓对生活的美好期望。

柴荣被视为财神，也可以从“财”和“神”这两部分来看。柴荣的一生都与“财”不可分割，出生于富裕之家的他因为父亲挥霍无度，落入贫困，到了姑姑家，没多久就开始管理财务。据说，那段时间他还有走街串巷、售卖小商品的经历。后来，他走南闯北，成为茶商，并因此发了大财。

当了皇帝以后，柴荣的治国方略依旧将重点放在“财”上。他通过提升百姓收入、减少冗余支出的方式让国家变得富裕起来。他将佛像熔铸成周元通宝，又让百姓将他与财联系到了一起。铜钱是佛像所化，总会带来一些好运和庇佑。

至于“神”，是因为柴荣从小就喜欢黄老文化，是道教的信徒。虽然他治国并没有采用无为而治的方式，也没有像其他信奉道教的皇帝一样沉迷于修行、炼丹，但他也寻求过白日飞升，渴望得到一段仙缘。

相传他登基后，曾命人将陈抟老祖召进京城，询问飞升之法。他赐陈抟为白云先生。陈抟回了华山后，两人就频繁地书信来往。柴荣数次赏赐陈抟金银，为道教的发展做出了巨大的贡献。或许正是因为这件事情，柴荣进入了道教神仙体系。到了明清时期，不少地方开始兴建柴王爷的庙宇。

在民间，人们将柴荣当作财神，不少人给了柴荣很高的评价，认为他是一位近乎完美的帝王。那么，柴荣是如何取得这些成就的呢？这与他的经历息息相关。

柴荣从小就在姑姑柴氏和姑父郭威身边长大。柴氏在宫闱之内，见惯了尔虞我诈，听多了阴谋诡计。郭威效力于行伍之中，不管是行军作战还是驾驭下属，都是一把好手。姑姑与姑父对柴荣的影响，一定是很大的。不管是计谋还是战术，他都是在这段时间获得了启蒙。

游历南北、贩卖茶叶的经历，是奠定柴荣志向的关键。在这段时间，他看见了民间疾苦，了解到了百姓在战火之中的艰难生活。正是因为如此，他才能在当了皇帝后第一时间促进农业发展，并许下缔造一个太平盛世的愿望。

柴荣兴修水利，疏通漕运，为国家带来了大量财富，让开封一举成为当时最繁华的城市之一。对于水利的重视来自他乘船来往于江陵的经历。正是这种见识让他在军事行动中总是能获得优势。

柴荣拥有发家致富的本事，有爱惜百姓的善良，还有求仙问道的故事。当种种条件结合到一起的时候，柴荣成为被供奉的财神就顺理成章了。他的一生，也配得上百姓对他的爱戴。

明朝首富

沈万三

——我有一个『聚宝盆』

白手起家的人之所以可敬，因为他们从未流于凡俗，始终不断追寻。

壹 穷小子一夜暴富

面对失败，怨天尤人解决不了任何问题，只有保持冷静，寻找时机，才能东山再起。

历史上对沈万三童年时期的记载并不多，就连具体的出生日期也没有，只说他抓周时抓住的是算盘。对于一个富裕的农民家庭，多了一张嘴并不算什么太大的负担。但他刚出生不久，就因为洪水失去了两个哥哥和地里所有的庄稼。幸好沈万三为人机灵，胆子也大，总是能想办法填饱肚子。

对于商人家庭来说，这样胆大心细的孩子简直是上天赐予的宝物。但对于一个农民家庭来说，就未必如此了。在他父亲的眼中，他的行为就是偷奸耍滑，而他弟弟沈万四沉稳老实的性格才是标准好孩子该有的。因此，沈万三常常被父亲打，数次离家出走，幸好有母亲偷偷给他盘缠，他才不至于挨饿受冻。

离开家不久，沈万三就交了一些不三不四的朋友。他母亲给他的钱，被他拿去买了一些蚕到外地贩卖，很快他就赚了一笔钱。正在他打算拿着钱向父亲炫耀成功的时候，这些朋友又带着他去吃喝嫖赌，赚来的钱一下子就花光了。

从小有薄财到一文不名，只用了几天的时间。幸好沈万三性格坚毅，没有怨天尤人。他知道这个时候越是着急，就越是会犯错。只有保持冷静的头脑，才有翻身的机会。

天底下没有比饿了要吃饭更大的道理，很快饥饿就打断了他的思考，他必须为一日三餐开始奔波。在没有任何本钱的情况下，只有靠讨饭勉强度日。可惜，在元朝的统治下，世道混乱，想要讨饭，也不那么容易。一天，他没有讨到剩饭，只拿到了一堆鸡毛。

鸡毛对于饿着肚子的乞丐来说有什么用呢？换作其他人，可能直接就扔掉了。但对于沈万三来说，这就是翻身的本钱。沈万三的父亲曾用鸡毛做过玩具，沈万三就有样学样地做了些，卖给孩子们。有了闲钱，就拿去跟过去的狐朋狗友赌钱。渐渐地，他不仅输光了卖玩具赚的钱，还把家里的房子也输掉了。债主们扣押沈万三向他父亲索要房契，差点儿将他父亲气死。

房子没有了，幸好家中还有几亩田地，卖掉田地后，父亲就带着家人去了远离赌场、妓院的地方。

一家人在周庄镇东垞村定居了下来，沈万三在家老实务农，心里却还是想着外出经商。而他的弟弟沈万四则是个读书人，想要考取功名。沈万三也曾有过考取功名的想法，但他想要参加科举的时候，元顺帝右丞相伯颜因为排斥汉人废除了科举。

沈万三转变了想法，不能当官就当个富翁。就在这个时候，元顺帝又恢复了科举。正当沈万三兴高采烈地打算重回学堂时，又因为一场洪灾而失去了机会。从那以后，他就铁了心要做个商人。

沈万三断绝了科举的念头，沈万四却没有。因此，当科举重开的时候，沈万四就打算去南京参加科举。但天下处处烽烟，农民起义此起彼伏，要去南京风险很大。沈万三想要离开父母的约束，就主动说自己愿意保护弟弟去南京。

对于一个有“前科”的人，父亲怎么可能放心。但沈万四从没有出过远门，天下局势又非常混乱，只好勉强答应沈万三保护弟弟去南京。只不过，父亲要求沈万三绝对不可以离开沈万四，由沈万四掌控全部钱财，且有使用家法的权力。

宁为太平犬，不为乱世人，混乱的局势对于百姓来说是恐怖的。两人刚刚乘船抵达苏州，就遇到了起义军的船只。

起义军前来“募捐”军费，但手里明晃晃的钢刀则表达着“不拿钱就试试”的意思。沈万四没办法，只好拿出一半盘缠“捐”了出去。抵达南京刚刚在客店住下，又遇到元兵前来“募捐”剿灭起义军的军费，沈万四又把另一半盘缠交了出去。

此时，沈万四不仅身无分文，还欠着客店的钱呢。幸好沈万三临出门带了些土产，他告诉弟弟，自己卖了东西会把钱分他一半，但是他有一个要求。这个要求就是要弟弟告诉父母，自己被抓去充军了，要消灭了起义军才回来。

卖掉土产后，分给弟弟一半的钱，接着沈万三就打算一路向北，去京城看看。没想到，还没走多远，就又遇到了元兵抢劫。同他一起遭难的，还有一位姓陆的老人。老人名叫陆德源，是江左地区的首富，家财万贯，去京城做生意，这才刚刚回来，没想到江南地区已如此不太平。幸好沈万三为人伶俐，尽力斡旋，才让老人没吃什么苦。

沈万三好人做到底，护送着老人回到了家。当晚，老人设宴款待沈万三，两人详谈。**在交谈之中，陆德源发现沈万三在经商方面颇有天赋，头脑聪慧。**又回首往事，觉得天下如此混乱，何不远离红尘，当个方外之人呢？没多久，他就做出决定，将万贯家财赠与沈万三，自己去澄湖旁的一家道观当了道士。

沈万三本就有经商的打算，有了这笔钱可谓如虎添翼。但不论如何，都要先回老家看看，父母可还在家等着呢。于是，沈万三回到周庄，大肆购买田产，又娶了亲。他打算有了孩子，给父母一个交代之后，再外出寻找自己的财富之路。

贰

赔钱赚经验

开拓他人不敢想的道路，做他人不敢做的事情，才能找到更加广袤的市场，获得更多的财富。

当沈万三的孩子逐渐长大，沈万三在家乡的事业也已经走上了正轨。陆德源留下的产业需要沈万三亲自去打理，他就收拾好行装，带着妻儿前往吴江。吴江此时已经是起义军张士诚的领地了，沈万三通过他人介绍，认识了张士诚的弟弟张士信。他用金银开道，很快就与张士信搞好了关系。

吴江并非周边最适合发展商业的地区，苏州显然更加发达，条件更好。于是，在张士信的邀请下，沈万三就动了前往苏州定居的想法。经过去苏州几次考察后，他就回到吴江，变卖了些家产，在苏州置办了产业。

苏州果然比吴江更适合发展商业，虽然竞争激烈，但机会也多。由于政府管理得不完善，导致商家之间明争暗斗。既有摆在明处的竞争，也有不正当的竞争。对于明面上的竞争，实力不输于人、头脑灵活的沈万三自然是不怕的。但是，那些暗处的较量却让他处处掣肘。他与官府关系不错，竞争对手同官府的关系一样不差。这就导致沈万三不得不组织些壮士来保护店铺，对付那些通过卑鄙手段竞争的对手。

一段时间以后，他在苏州的生意蒸蒸日上，充满开拓精神的沈万三又觉得有些无聊了。他经常亲自坐镇店铺，只为了消磨时间。一次，他看见几个红头发、蓝眼睛的外国人来兜售商品。这些外国人手里的象牙、珍珠，都是难得一见的好货。

这件事情让沈万三动了心思，外国人手上有好货，自己手上也有。要是自己把商品卖到外国，再把外国的东西带回来卖，这样里外一转，利润可是大得吓人。但是，出海贸易可没那么简单。想要出海，就得有坚固的大船和熟练的水手。面对海上复杂的环境，还要有人能保护货物不受损失。仅仅是出海之前的准备，就够沈万三忙活的了。

在建造商船、筹备人手这段时间里，沈万三在苏州的生意越做越大，有成为苏州首富的架势。只要接下来的海上贸易能够顺利，他就是名副其实的江南首富。商船建好以后，沈万三就带着船队浩浩荡荡地出发了。

沈万三想过第一次出海会遇到种种困难，但他没有想到的是，他预想中最大的困难，在他刚刚出海不久就遇见了——他遇上了海盗。幸好他事先做了充足的准备，在损失了两艘船后，成功将海盗击退。为了减少伤亡，避免损失，改变航线躲开那些海盗是很必要的。但改变航线就意味着原本充足的补给变得紧巴巴。通过捕鱼补充口粮，沈万三的船队勉强抵达了印度。

在印度，贸易还算顺利。沈万三卖掉了剩余几艘船上的商品，又在当地补充了货物。经过一段时间的休整后，启程返航。返航的路原本应该更加顺利，但是因为季节的变化，海风、洋流、天气都发生了变化。船队甚至还遇到了很大的风浪，打翻了好几艘船。

当沈万三九死一生、历尽艰辛回到苏州时，庞大的船队居然只剩下了两艘船。跟随他出海的船员死了几十个，货物也大多丢失在海上了。回到苏州后，细细核算下来，这一趟出海不仅没赚到钱，反而亏尽了本钱。

周围的人都劝沈万三，已经是锦衣玉食的富翁了，不必非要亲自去海外贸易。沈万三则完全不管别人怎么说，钱财对于他来说，并不是那么重要，开辟新的贸易线路，才是让他更有成就感的事。于是，在准备充足后，他再次向大海发起挑战。

沈万三总结了第一次出海失败的经验。他小看了大海，虽然当时觉得自己已经做好了万全的准备，实际上还差得远呢。而且，带的人只有一部分有出海的经验，护卫大多是从家中产业里抽调出来的，他们并不能很好地适应海上生活。与海盗硬碰硬显然也不是明智的决定，与其跟海盗硬碰硬，不如给海盗一些买路钱，这样才是性价比最高的做法。

这一次总结的经验，沈万三必然能活用到下一次，赔了的钱并不是毫无意义的。他见过了海上的大风大浪，也知道应该怎样与海外的居民贸易，这都是此行难得的收获。

海上的事情要继续筹备，陆上的生意也不能停止扩张。沈万三在南方的生意可以说是风生水起，但在北方却还没有什么买卖。于是，他将目标瞄准了局势更加混乱、地域更加广袤、市场更加庞大的北方。特别是此时正值天下大乱，处处是危险，但也处处有机遇。等到天下太平，人人都好做生意，想要扩张就没那么容易了。沈万三向北扩张的第一站并不遥远，就在南京。

叁

一个人带动一座城

财富如流水，分享如挖井。井越深，水越多。越会分享财富的人，就越会得到更多财富。

南京之行十分顺利，打通了官府的关系后，资本雄厚的沈万三很快就把生意铺开了。回到苏州之后，他就着手准备第二次出海。在出海前，他开始担心万一自己在海上遇到了什么事情，一去不返，自己的家业无人打理。在古代，多子多孙本就是有福气的表现，娶妻纳妾就成了下一步沈万三要进行的工作。

根据史料记载，沈万三的妻妾有十三人之多。在出海之前，沈万三除了忙生意，就是忙开枝散叶。而他严阵以待的第二次出海，因为时局的变化变得非常顺利。

盘踞在江南地区的起义军领袖张士诚并没有太大的野心，即便包括沈万三在内的江南富商们给了他很多粮食、钱财方面的支持，他仍然不打算推翻元朝。正所谓匹夫无罪，怀璧其罪。张士诚坐拥大量的粮食、财富，江南地区的地理位置也非常重要，因此他成为方国珍、朱元璋以及元军三方都虎视眈眈的势力。

张士诚没有看清天下局势，作为一个盐贩子，他认为这个天下早晚还得是朝廷的。朱元璋这样的“要饭的”，还能取了天下不成？于是，他选择向朝廷投降，成了朝廷官员。沈万三与张士诚本就交好，张士诚做官后，沈万三在生意上愈发没有阻力，发展海外贸易也得到了极大的支持。因此，海上商路很快就被打通，据说沈万三的船队不仅忙于海上贸易，还帮朝廷运过不少粮食。因此，他的生意也做得越发兴旺了。

就在沈万三的生意如火如荼地发展时，他本人却陷入了迷茫。山珍海味天天吃也会腻，金银珠宝多了连看一眼的欲望都没有，各种享乐方式他早就体验过了。接下来，应该做些什么呢？经过一番思考，沈万三觉得自己的人望还不够，应该多为百姓做些好事、实事。那么，要怎么做呢？想要让百姓富起来，直接发钱肯定是不行的。授人以鱼不如授人以渔，沈万三做的第一件事就是教百姓如何赚钱。

沈万三最赚钱也最辛苦的行业，就是出海贸易。因此，他组织了一批船队，船队里有那些本钱不多想要凭力气赚钱的人，也有略有本钱打算出海做些生意的人。这些人学会了如何与外国人贸易，即便将来自己的生意垮掉了，也会有人前赴后继，将海外贸易继续下去。而随着海外贸易赚到的钱越来越多，沈万三也开始着手对故乡周庄改造。

改造一个地方，最先要改造那里的人。除了一部分出海的人外，沈万三还将许多周庄的人安排到他的店铺中去，让家乡的百姓知道究竟什么是商业，商业到底有多么重要。在士农工商在社会上有等级划分的时代，这是非常重要的。也正是因为如此，周庄的许多人都成了沈万三的得力助手，在商业上取得了成就。

海上的事业蓬勃发展，陆上的事业同样如此。走出江南，迈向全国，从南到北，到处都是他的店铺。因为生意得到发展，店铺开设得越来越多，他出海贸易的港口也不局限于江南地区。广州、泉州，都有他的海上生意，船队遍布他的航线之上。

当周庄的人逐渐认识到了经商的好处，并且有了商业头脑后，沈万三就开始在周庄开设自己的生意，让周庄真正兴旺起来。江南地区最优质的特产就是绸缎，于是，沈万三在周庄建造了大量的养蚕场，以保证有大量的蚕丝可用。蚕丝的数量足够以后，绸缎作坊也开始陆续被建立起来。整个周庄变成了一个庞大的绸缎生产基地，不仅周庄百姓因为这些产业富裕了起来，沈万三的个人财富也因此增加了不少。

周庄是沈万三的故乡，而苏州则是沈万三居住的地方。在改造了周庄后，让苏州变得更好就被沈万三提上了日程。苏州不比周庄，有让沈万三大展拳脚的空间。此时的苏州已经是个经济发达的大城市，人口密集，经济发达，即便没有沈万三，百姓也能生活得很好。但是，苏州的城市规划并不合理。人口多的地区，各类设施应有尽有。而那些人口少的地区，则连最基本的生活产品也没那么容易购买。

沈万三在城中心购买了一块地，专门用来开设店铺。我国商人自古以来就有扎堆的习惯，当沈万三的店铺开设好了以后，其他的商人也闻讯而来，购买土地开设自己的店铺。这片地区很快就从空无一物变得繁荣、热闹。因为这块地在道观前面，因此也被当时的人们称为观前街。

在沈万三的努力经营下，观前街变得越来越繁华，甚至逐渐成为苏州最繁华的地区，成了标志性的地点。

肆

一段城墙，一段公案

亲兄弟，明算账。在利益面前，多数情感是经不住考验的。巨大的利益背后隐藏着巨大的风险，需要最谨慎的态度。

说到沈万三，最有名的事情莫过于他帮朱元璋修城墙的事情了。也恰恰是这件事情，险些让沈万三丢了性命。史料上的寥寥数语，显然不能将这段惊心动魄的经历描述清楚。

沈万三是主动找到朱元璋，要求修筑这段城墙的。虽然没有记录原因，但不难推测。沈万三之所以能够在海外通商中赚得盆满钵满，自然是没少获得官府的支持。张士诚从起义军领袖到元朝官员，不管身份如何转变，与沈万三的关系都是互惠互利的。

张士诚允许沈万三出海，并且在人手、条件上给他便利。而沈万三则用自己的海船，帮助张士诚将粮食从江南鱼米之乡运送到元大都。凭借着他的家底，只要在官府没有什么阻力，赚钱就如同反掌观纹，轻而易举。

江南地区被朱元璋占领后，官府也完全变了样子。之前的那些人脉，沈万三已经完全用不上了。沈万三可以选择急流勇退，安心当个富翁；也可以选择像过去那样，通过与官府交好，互惠互利，继续做出海贸易。虽然表面上是这样的，但沈万三真的有两个选择吗？

经过多年的战乱，中原大地百废待兴。不管是朱元璋非常重视的凤阳老家，还是他认定的政治中心南京，状况都不算太好。而在苏州，有一个富可敌国的大商人，在朱元璋眼中无疑是一头待宰的肥猪。

只要沈万三不能与朱元璋交好，没做出让朱元璋满意的事情，祸事早晚会落到他的头上，落到整个沈家头上。朱元璋的心狠手辣在历代开国皇帝中可以说是有名的，沈万三也不可能没听说过朱元璋的为人。因此，他主动提出为南京修筑一段城墙，就是为了讨好朱元璋，保全沈家。

沈万三掏钱修建了城墙，但朱元璋却并不开心。有人推测，是沈万三一再炫耀自己的财富，惹恼了朱元璋。要知道，朱元璋的出身可不是一般的穷。家无粒米的日子朱元璋经历过，出家为僧、青灯古佛的日子朱元璋经历过，穿着破旧的僧衣外出讨饭的日子朱元璋也经历过。沈万三越炫耀财富，越把城墙修得又快又好，朱元璋就越不高兴。

当然，有人提出了不同的看法。他们认为朱元璋不高兴并非是因为自己过去的贫困和眼下百废待兴又国库空虚的窘境。**朱元璋是农民出身，经历过大饥荒，家人也病饿而死，因此对农业非常重视，对商人则非常轻视。**他认为商人乃是祸乱天下的根源，而天下第一富商沈万三，就是这天下最大的祸根。

无论如何，朱元璋对沈万三把城墙修得又快又好这件事情是很不满意的。沈万三探知朱元璋的态度后，出了他一生当中最可怕的昏招。沈万三告诉朱元璋，将士们征伐天下，劳苦功高。自己富甲一方，愿意拿出钱来帮助朱元璋犒赏三军。

如果说修建城墙只是让朱元璋对沈万三产生了警惕，那他主动提出要犒赏三军就彻底触碰了朱元璋的逆鳞。古代君王对于军权是非常重视的，封建王朝皇帝能安定四方最大的倚仗就是军队。德行、才华、人心，这些都很重要，但谈论这些都要在掌控了军权的情况下才有意义。天下是朱元璋打出来的。没有谁比他更知道军队的重要性，而掌控一支军队最重要的就是军心。

沈万三要掏钱替皇帝犒赏三军，那军队感激谁呢？难道沈万三要跟朱元璋争军心不成？即便沈万三面对的皇帝不是朱元璋，而是古代封建社会任意一位开国皇帝，他的行为也是不能被容忍的。更何况，这是心狠手辣的朱元璋。

朱元璋勃然大怒，对结发妻子马皇后说："一介匹夫，居然敢犒劳天子的军队！他绝对是个要乱天下的不祥之人，该杀！"马皇后宅心仁厚，她劝说朱元璋："如果他是不祥之人，自有上天的报应收拾他，而不是动用律法杀死他。"

于是，朱元璋放下了杀死沈万三的念头，将他流放到了云南。至于他的万贯家财，都被官府抄没了。相传，沈万三早就命人为他写过一册传记，记录了他如何一步步成为天下巨富的过程。这本册子不知道沈万三是打算传给后人还是打算在死后由后人刊印成书，广发天下。在官府抄家的时候，这本册子遗失了，人们再也没有途径去了解沈万三发家的点点滴滴。

据说，沈万三为朱元璋修筑城墙也是无奈之举。朱元璋数次向沈万三"借钱"，沈万三才不得已答应朱元璋为他修筑城墙。两人还有一个赌约，那就是看谁负责的城墙修筑得又快又好。

沈万二雇了许多精工巧匠，耗费了大量金钱，用上好的花岗岩做砖，以糯米为浆，最后又在外面封上了厚厚的石灰。这样的城墙坚固无比，而且完工的时间还比朱元璋快了三天。

堂堂一国之君居然输给了一个商人。这让朱元璋情何以堪?！于是，朱元璋就想着找个由头处死沈万三，霸占他的财产。

不久之后，沈家举办家宴，朱元璋也到场了。朱元璋指着餐桌上一道猪蹄问沈万三："这道菜叫什么啊？"朱元璋登基后，"朱"字和其谐音就成了需要回避的禁忌。于是，沈万三就回答说："这是万三蹄。"

沈万三拿自己开了玩笑，让朱元璋很满意。任你是天下第一有钱人，遇到真龙天子还不是要低头？朱元璋的满意让沈万三错估了自己与朱元璋之间的关系，他认为，自己只要再努努力，就能达成过去与张士诚那样的合作，获得官府的庇护。于是，他告诉朱元璋，愿意出钱替朱元璋犒赏三军。结果就和上一种说法一样，沈万三全家被发配云南。

当然，也有沈万三到云南后遇见了张三丰，跟随张真人苦苦修行，最后求得了长生的传说。在清朝时期，就传出过有人在云南遇见沈万三的传言，说他仙风道骨，鹤发童颜，完全是得道高人的模样。

伍 沈家后事

长远的眼光可能比眼下的财富更重要，财富可以被夺取，而眼光却只属于自己。

朱元璋登基后，沈万三先是献上了大量的礼物，随后拿出钱来帮朱元璋修建南京城。即便沈万三是巨富，这笔钱拿出来也让沈家元气大伤。在沈万三全家被流放云南后，朝廷对于沈家的打击并没有停止。

沈万三的孙子们因为田赋问题坐了牢，其中一个居然直接死在了监牢之中。瘦死的骆驼比马大，富商之家居然有直系子弟因为田赋的问题丢掉性命，很难不让人觉得其中有人为的成分。也正是这件事情让沈家持续没落。

沈万三虽然走了，但周庄的商业氛围依旧浓厚。当时的周庄商铺林立，商业非常发达，百姓几乎每家都做生意。朱元璋的观念是以农为本，只有读书种地才算是做正经行当。买进卖出，赚取差价，这样的行为在他眼中就是不务正业，游手好闲。

朱元璋的老对头张士诚就是被这样一群人支持的，如今这些人又明目张胆地违背他制定的国策，不事农桑。因此，他产生了要杀掉周庄所有人、以正风气的打算。

就在官兵抵达周庄，准备动手的时候，一个名叫徐民望的读书人站了出来。他认为朱元璋的做法太不地道了，沈万三帮他修筑城墙反而遭到了流放，周庄的百姓什么都没错却要被屠杀？凭什么？这就是心系百姓的皇帝？

徐民望不仅敢与拿着刀的官兵理直气壮地对峙，更敢于去京城直面朱元璋，告御状。或许是朱元璋觉得理亏，也可能是他突然醒悟觉得不该随便对百姓举起屠刀。总而言之，徐民望告赢了。朱元璋不仅放过了周庄的百姓，还对这位徐民望大加赞赏。

对沈家最沉重的一次打击，来自明初四大案中的蓝玉案。

沈万三被发配云南后，沈家更觉得在朝廷里没有靠山是不行的。沈家聘请了一位名叫王行的教书先生，这位先生也曾服务过蓝家，因此认识蓝家的人。在王行的搭桥牵线之下，沈家逐渐与蓝家有了来往。

在距离周庄不远的同里，有一户姓陈的人家。陈家的儿子有先天智力障碍，娶了一个如花似玉、知书达理的妻子梁氏。梁氏艳名远播，而沈家的入赘女婿顾学文听说后，就起了一睹芳容的心思。接下来的一段时间里，顾学文经常借生意为由，前往同里。一来二去，果然与梁氏结识。

从那以后，顾学文就买通了镇上的恶少，以饮酒赌博为理由，经常引诱梁氏的夫君外出，自己则经常与梁氏独处。梁氏本就对自己的丈夫不满意，顾学文又生得仪表堂堂，两人很快就勾搭成奸。从那之后，两人经常书信传情，而梁氏的丈夫竟对此一无所知。

纸包不住火，两人有私情的消息很快就在镇上传开了。梁氏的公公陈翁在外地当差，很少回家。幸好陈翁还有个兄弟，他买通梁氏身边的仆童，要他偷出那些被梁氏焚烧的书信，居然一点点地将没烧尽的信拼凑起来，寄给了在外地当差的陈翁。

蓝玉是明朝开国大将，此时已是凉国公，掌控大量兵马。因为总是嫌自己官职太小，他数次口出狂言，态度嚣张跋扈。一次出征归来，抵达喜峰关时，因为守关将领没在第一时间为他开门，他居然命人炮轰喜峰关。此时朱元璋已重病卧床，将这样骄纵狂妄的将领留下，他的后继之君如何驾驭得了？于是就搜集蓝玉造反的罪状，将他送入大牢，办成铁案。

陈翁见时机已到，就诬告顾学文与蓝玉交往甚密，参与谋反。因为朱元璋对蓝玉案极其重视，顾学文很快也被投入监牢。经过一番严刑拷打后，顾学文承认自己得知凉国公蓝玉很有势力，就生出了攀交的心思。在王行的引荐下，见到了蓝玉，并报上了自己是沈万三的女婿。蓝玉大喜，不仅留下顾学文吃饭，还表示希望顾学文经常到府上走动。

等到明初另外一起大案胡惟庸案爆发后，蓝玉又找到顾学文，对他说："我有件大事要找你商量。我的亲家是靖宁侯叶升，他被牵连进了胡惟庸案，被打成了胡党。我怕他把我的名字招出来，牵连于我。与其坐以待毙，不如先下手为强，你那里有人手吗？带来我家。"

这些证词，恐怕都是屈打成招的结果。即便顾学文顶着沈家的招牌，也不过是个入赘的女婿罢了。蓝玉贵为凉国公，为人嚣张跋扈，又如何能把顾学文纳入法眼？请他吃饭，还要他常来走动？恐怕只有沈万三才有这个资格。更何况，蓝玉要造反，这样的消息能随随便便告诉一个商人？

当蓝玉案结束的时候，沈家成年男丁大多被凌迟处死，十岁以上的小厮被发配充军，十岁以下由母亲带着被发送到牧马所居住，不到三岁的由母亲带着送去浣衣局，七岁才能出来。

顾学文惹下的灾祸还远远不止这些，被定罪后，他为了复仇，四处攀诬与他有过节的人，牵连之广令人咋舌。数千个家庭因为他被卷入了蓝玉案，多达一万五千人，这些人大多被发配到了云南。

据说，沈万三到云南后，不少亲朋故旧都来看望他，带来了许多江南地区的特产。从江南地区走到云南的这条道路并不好走，但他们带来的特产也是这里完全没有的。如果能将江南的特产运到这里销售，甚至进一步卖到藏区去，其中能产生太多的利润。于是，沈万三趁机在茶马古道重操旧业，开辟了新的事业。

被顾学文牵连的人抵达云南时，沈万三已经去世几年了。但这些人依然受到了沈万三亲友的照顾，在云南落地生根。

因为朱元璋的几次打击，沈家在江南地区已经彻底没落了。就连沈家的后人，也很难在江南地区被找到。而在云贵地区，沈家则开枝散叶，形成了一个人口庞大的家族。他们小心谨慎，过着安分守己的生活。在祭拜祖先的时候，他的后人也不肯说祭拜的是沈万三，而是说拜财神。

陆

沈财神的『聚宝盆』

理财是一种人生策略，既能为你人生中面对的危险与挑战提供保险，又能让你在经济上实现自由，更好地掌控人生。

沈万三惊人的财富令人难以想象，因此，当时的民间百姓更愿意相信他的财富是因为善良而获得了神明的帮助。沈万三有聚宝盆的传说广为流传，甚至谈到聚宝盆，人们就会想起沈万三。那么，民间对于聚宝盆的由来究竟是怎么说的呢?

康熙年间进士周人龙在《挑灯集异》中记载，沈万三落魄之时，遇见了一位渔翁。渔翁抓获了上百只青蛙，正要将青蛙杀死。沈万三动了善心，用为数不多的钱将青蛙买下，放生到家附近的一个水塘中。

夜里，水塘中蛙鸣如鼎沸般，沈万三捂住耳朵也不能入睡。他便外出查看，见到一群青蛙正围着一只瓦盆，情况非常诡异。沈万三觉得这瓦盆用来洗手挺好的，就将其拿回家中。一天，他的妻子不慎把银钗掉进盆里，没想到盆里突然出现了无数的银钗，把盆都装满了。沈万三很惊讶，随后又用铜钱、银子进行了尝试，发现都是如此。从此以后，沈万三就凭着聚宝盆富甲天下了。

传说毕竟是传说，包含了人们的美好期待。那么，沈万三是否真的有个聚宝盆？他的财富是否真的与聚宝盆有关？那要看你究竟如何看待“聚宝盆”这个东西了。

相传，出生于富裕农民家庭的沈万三儿时并没有什么玩伴，经常缠着家里的老管家和母亲。老管家要经常打理家中的收支，在老管家身边的沈万三就学会了许多算术和理财的知识。沈万三逐渐长大，也开始有了自己的零用钱。于是，老管家就找来一个小陶罐，要沈万三把零用钱放进盆里。每次要存钱、用钱的时候，都要在一本册子上详细记录收支状况，让沈万三从小就培养理财的习惯和管理金钱的意识。

从那以后，不管走到哪里沈万三都要带着自己的“聚宝盆”，以提醒自己要有理财意识，让每一笔收入、支出，都明明白白，清清楚楚。久而久之，人们便传说沈万三有个聚宝盆，里面的钱取之不尽，用之不竭。

相比其他财神，沈万三并没有那么大的影响力。沈万三是元末明初的人，与其相关的传说被传播的时间远远不如其他财神那样悠久。但如今，越来越多的商人开始青睐沈万三，认为他才是名副其实的财神。这主要是因为沈万三的创业精神更贴近现代社会状况，这是其他财神所不具备的。

沈万三有良好的理财观念，现代人讲究“你不理财，财不理你”。足够的资本并不是理财的基础，理财观念才是。有些人赚了钱只知道购物或储蓄，这样的做法是巨大的资源浪费。只有把钱活用起来，用钱来生钱，才能让钱财如流水般绵延不绝。不积小流无以成江海，理财就是如此。

沈万三有勇于开拓的精神，而现代人创业同样讲究抛弃红海，寻找蓝海。与其在一个成熟的领域里内卷，不如开辟全新赛道，也许这就是一举成功的机会。

沈万三有坚忍不拔的个性，而在现代社会里，创业失败也不是什么罕见的事情。失败不可怕，倒下了却不敢站起来才是最可怕的。只要还有后续，还有创业的勇气，还能在机会到来时勇敢出手，那就不算彻底失败。真正的失败不是损失了多少，不是浪费了时间，而是你真正站不起来的那一刻。

沈万三了解人脉的重要性，现代创业也是如此。单丝不成线，独木不成林。过去创业讲究要有一个明星经理人，而现代创业必须要有一支强大、团结、可靠的团队。团队当中要有各式各样的人才，能解决来自各方面的问题。只有这样的团队，才能保证创业成功。

沈万三的一生都不曾有过官职，即便与官府合作，也只是互惠互利，各取所需。在封建王朝，或许这就是沈万三晚景凄凉的原因。但在现代社会，就很少会发生这样的事情。因此，人们将沈万三称为“平民财神”“白衣财神”，希望能得到沈万三的照拂，拥有和他一样的创业精神与眼界，打造属于自己的财富故事。